한 눈에 쏙 들어오는

쉽고
재미있는
상담교실

에듀윌 9

쉽고 재미있는 상담교실

김경미 지음

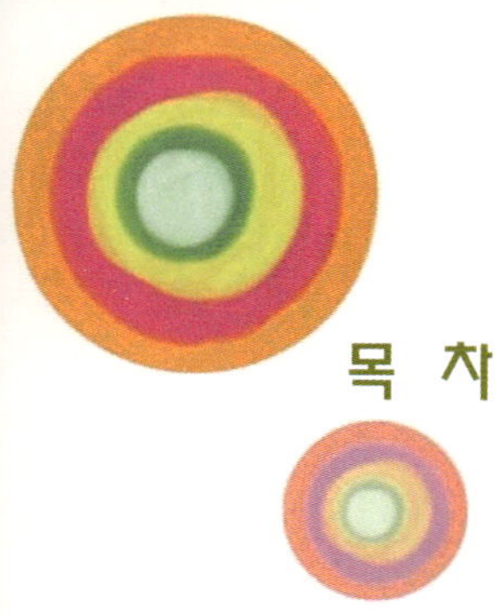

목 차

제1장 | 상담의 여러 가지 이야기

☆ 상담에 대한 기본 지식 다지기 · 10
  1. BEACON으로 시작하기　　　10
  2. 상담의 기본 원리 배우기　　11
  3. 상담의 기본 기법 배우기　　13
  4. 상담의 목표 배우기　　　　19

☆ 상담 활용 기법 다지기 · 23
  1. 해결지향적 질문기법 배우기　　23
  2. WDEP로 상담 절차 배우기　　27
  3. 교류분석에서의 교류패턴 배우기　38

☆ 상담자 탐색으로 내적 역량 다지기 · 49
  1. 상담자에게 필요한 능력 배우기　　49
  2. 합리적인 사고로 긍정성 배우기　　56
  3. 시간의 구조화로 관계성 배우기　　60

☆ 부록－현실요법을 활용한 프로그램 소개 · 63

☆ MBTI 교실 • 106

1. MBTI 선행학습   106
2. 네 가지 지표 살펴보기   109
3. 활동으로 지표 살펴보기   112
4. 기질과 주기능 이해하기   117
5. 나의 MBTI 유형 알기   119
6. 학교생활과 MBTI   121
7. 이럴 때, 이런 친구 필요해요   131
8. 그림으로 말한다   132
9. 기도로 알아보는 유형별 특징   134

☆ 에니어그램 교실 • 137

1. 에니어그램 선행학습   137
2. 나의 힘을 찾아서   146
3. 나의 유형을 찾아서   155
4. 나의 잠재력을 찾아서   172
5. 나의 역동적 힘을 찾아서   177
6. 각 유형이 공감하는 속담   179
7. 이런 일은 시켜도 안 해요   181

☆ 스트롱 교실 • 183

1. 스트롱 선행학습   183
2. 나의 RIASEC 유형 알기   188
3. 6가지 성격유형 엿보기   189
4. 사례로 유형별 특징 엿보기   199
5. 6가지 유형별 내담자 색깔 엿보기   201

☆ 참고문헌 / 204

제1장
상담의 여러 가지 이야기

☆ 상담의 기본 지식 다지기

☆ 상담 활용 기법 다지기

☆ 상담자 탐색으로 내적 역량 다지기

　“지금, 행복하십니까?”라는 질문을 던지고 답을 해 보자. “그럼요, 행복합니다.”라고 말할 수 있는 사람도 있고, “글쎄요, 뭐 그런 대로 행복한 편입니다.”라고 말하는 사람도 있을 것이다. 다시 한 번 “왜 행복하십니까?”, “당신의 행복 조건은 무엇입니까?”라고 질문해 보자. “나는 ～해서 행복합니다.”, “나의 행복 조건은 ～입니다.”라고 말할 수 있는 사람이 얼마나 될까? 우리는 마테를링크가 쓴 『파랑새』를 언젠가 읽어 본 경험이 있다. 치르치르와 미치르가 등장하여 행복의 파랑새를 찾아다니지만 결국 행복은 먼 곳이 아닌 가까운 곳, 바로 ‘지금’, ‘여기’, ‘현재’, ‘내 마음’ 속에 있다는 지혜에 공감하였건만 지금은 어떤가? 너무 멀리 있는 행복을 찾아 끊임없이 방황하고 있지는 않은가? 행복은 내 주위에 있다는 파랑새의 교훈을 받아들인다면 우리는 쉽게 행복해질 수 있을지 모른다.

　교사들이 찾고 있는 행복의 파랑새는 뭘까? 물론 개인차가 있을 수 있지만 나의 학생들이 내 사랑을 먹고 성장하며 지식과 인성을 갖춘 훌륭한 인격체로 살아가는 모습을 지켜보는 것이 아닐까? 교사가 학생을 사랑하고, 학생이 교사를 존경하고 따르며, 교사들끼리 서로의 차이를 인정하고 이해하는 학교라면 우리는 “예, 저는 지금 행복합니다.”, “학교생활이 즐거워 행복합니다.”라고 말할 수 있지 않을까? 어떻게 보면 행복해진다는 것은 이처럼 쉽고 간단한 것인데, 현실이 그렇지 못한 이유는 무엇일까? 사랑을 마음에 품고 살지만 그 사랑을 전하는 방법이나 기술적인 면이 부족한 것은 아닐까?

　“내가 사랑하고 있는 것 알지?” 많은 사람들이 이렇게 말한다. 표현하지 않더라도 사랑을 믿어 달라는 것이다. 그러나 마음 깊은 곳에 자리하고 있으면서 표현되지 않는 사랑을 느끼기란 쉽지 않다. 사랑은 표현되어야 한다. 보이는 사랑은 사람들에게 행복의 바이러스를 전해 줄 수 있기 때문이다. 사랑은 언어적

 한눈에 쏙 들어오는 쉽고 재미있는 상담교실

인 방법과 비언어적인 방법으로 전달될 수 있다. 언어적인 방법으로 전달되는 사랑은 대화의 기법 내지 기술 같은 것을 필요로 하기도 한다. 결국 사랑에도 일정한 훈련이 필요하다는 것이다. 운전을 하고 싶다는 강한 열망과 열정이 있어야만 운전기술을 습득하고, 꾸준히 반복 연습하여 자동화되면 그것은 내 것이 된다. 마찬가지로 가족과 학생들을 사랑하겠다는, 그로 인해 나 역시 행복해지겠다는 의지와 열망이 있어야 사랑에 필요한 기술들을 배우고자 하는 마음이 생겨날 것이며, 그것이 반복되고, 습관화되어 자동화되면, 사랑하는 나의 마음이 가족과 학교 속으로 자연스럽게 녹아들게 될 것이다. 한 발 더 나아가 학생들이 자신을 탐색하고 통찰하여 자신의 인생에 긍정적인 변화를 가질 수 있도록 도움을 주는 상담의 기술을 배운다는 것은 사랑을 전할 수 있는 대화 기법, 대화의 마음가짐을 넘어, 구조화된 관계를 형성하고, 이에 필요한 원리나 기법 또는 절차 등을 요구한다는 것을 의미한다. 따라서 이 책에서는 상담에 대한 여러 가지 이야기를 하며, 처음 상담에 입문하는 사람들, 특히 교사들에게 상담의 윤곽을 잡을 수 있는 기본적인 지식을 제공하고자 한다. 또한 학생들을 이해하는 데 도움이 되고, 상담에 활용할 수 있는 몇 가지 성격검사에 대한 기본적인 내용들을 제공하고자 한다.

☆ 상담에 대한 기본 지식 다지기

1. BEACON으로 시작하기

  어린 내담자와 청소년 내담자를 만났을 때 그리고 첫 회기를 진행하려고 할 때, 이들 내담자들을 관찰하기 위한 단서들로서 'BEACON 모형'이 소개되고 있다. 내담자들에 대한 많은 정보들은 그들과의 래포 형성에도 도움을 줄 수 있기 때문에 첫 회기에서 우리가 내담자들에게서 무엇을 관찰하고 살펴봐야 하는지에 대해 알아보는 것은 필요할 것으로 보인다(이규미 외 옮김, 『아동 및 청소년 상담』)

BEACON	내 용
B(Behavior, 행동)	내담자들 행동을 눈여겨볼 필요가 있다. 그들의 행동이 정상인지, 지나친지, 우울한지, 수줍은지, 불안정한지 꼼꼼히 살펴보아야 한다. 또한 그들의 전체적인 외모도 살펴보자.
E(Eye contact, 시선접촉)	내담자들의 시선접촉을 살펴보자. 시선접촉을 잘 하는지, 시선을 마주치지 못하는지에 따라 사회적으로 불안정하거나 주의력 결핍, 대인관계에 대한 민감함 등을 나타낼 수 있다. 그러나 첫 회기에 약간의 먼 곳 바라보기 정도는 정상임을 기억하자.
A(Attitude, 태도)	건방짐, 자신만만함, 근심, 무관심 등의 태도를 살피는 것은 상담자가 그들에게 어떻게 반응해야 하는지 단서를 제공하는 것으로써 그들의 태도를 살펴보고 특징지을 필요가 있다.
C(Comfort and cooperation, 편안함과 협조)	내담자가 상담자나 낯선 어른 또는 권위적인 인물들에 대해 나타내는 편안함의 정도가 어떠한가? 싸움을 걸거나, 고분고분하거나, 협조적이거나 비협조적이거나 하는 부분을 살펴보자.
O(On task, 과제수행능력)	위의 행동, 태도, 시선접촉, 말수, 집중능력, 자기인식능력 등을 종합적으로 참작하여 내담자의 참여능력이나 과제수행능력을 평가하는 것은 상담을 이끌어 가는 데 필요한 부분이다.
N(Nuances of nonverbal cues, mood, and affect, 비언어적 단서, 기분, 정서상의 뉘앙스)	첫 회기에서는 침묵이나 수줍음, 웃음이나 수다에 이르는 다양한 행동을 보일 수 있다. 상담을 오게 된 이유와 그 사실에 대한 그들의 느낌을 탐색하는 것은 침울함과 우울정서를 혼동하지 않고 구분할 수 있도록 도움을 줄 수 있다.

 한눈에 쏙 들어오는 쉽고 재미있는 상담교실

2. 상담의 기본 원리 배우기

　　상담이란 내담자와 상담자 간에 수용적이고 구조화된 관계를 형성하고 이 관계 속에서 내담자가 자기 자신과 환경에 대하여 의미 있는 이해를 증진하도록 함으로써 내담자 스스로가 효율적으로 의사 결정을 하고 여러 심리적 특성을 긍정적 방향으로 변화시키도록 원조하여 결과적으로 내담자의 성장과 발전을 촉진하는 심리적 조력과정이다(박성수, 2000). 이처럼 상담은 쉬운 듯 보이지만 아무런 원리나 절차 없이 나누는 잡담과는 달리 일정한 원리가 있다. 일반적인 대화를 넘어서 전문성을 가진 상담을 원한다면 그 원리에 따라 상담을 하는 것이 좋다. 수용의 원리, 개별화의 원리, 비심판적 태도의 원리, 감정 표현의 원리, 통제된 정서 관여의 원리, 자기 결정의 원리, 비밀 보장의 원리 등이 그것이다(김충기, 강봉균, 2001).

상담의 원리	내　용	그림으로 이해
수용의 원리	편견과 선입견을 버리고 내담자에 대한 긍정적 측면과 부정적 측면을 있는 그대로 받아들이고 인격체로서 존중하는 것이다.	
개별화의 원리	사람마다 개인차가 있음을 인정하고 획일적인 방법이 아닌 내담자의 성격과 정서를 고려한 맞춤식 상담을 하는 것이다.	
비심판적 태도의 원리	가출, 흡연, 폭력 등의 행위에 대하여 섣부른 판단이나 비판을 하지 않고 스스로 문제를 통찰하도록 하는 것이다.	
감정 표현의 원리	편안하고 공감된 분위기 조성을 통해 내담자가 자신의 감정을 솔직하게 표현할 수 있도록 모든 노력을 기울이는 것이다.	
통제된 정서 관여의 원리	내담자의 정서적 변화를 이해하고 적절하게 반응함으로써 그들의 정서에 관여한다는 것이다.	

상담의 원리	내 용	그림으로 이해
자기 결정의 원리	상담자는 정보 제공을 할 수는 있으나 최종 결정은 내담자 스스로 선택하고 결정해야 한다는 것이고 그런 능력이 있음을 믿는다는 것이다.	
비밀 보장*의 원리	상담과정에서 알게 된 내담자에 대한 정보를 몇 가지 예외의 경우를 제외하고는 제 3자가 알지 못하도록 하는 것을 의미한다.	

비밀 보장의 예외

① 내담자가 기록의 공개를 요구할 경우
② 내담자가 자살이나 살인을 계획할 경우
③ 가정폭력, 성폭력에 노출되어 있을 경우
④ 법률상의 쟁점이 될 사항이 있을 경우
⑤ 에이즈와 같은 심각한 질병에 감염되었을 경우
⑥ 내담자의 동의를 구해 학문적 연구를 위한 목적으로 사용할 경우

3. 상담의 기본 기법 배우기

상담은 목적 없이 떠들어 대는 잡담과는 달리 구체적인 목적을 가지고 있으며 그 과정에서 내담자의 문제점, 욕구 등 많은 정보들을 탐색해야 하므로 아무런 준비 없이 임하는 것보다 여러 가지 기법들을 학습하고 연습하여 적절하게 활용하면 많은 도움이 될 수 있다. 그러나 상담의 기법이라고 하는 것이 상담의 이론마다 다르고 다양하여 정리하기가 쉽지는 않지만 보편적이고 포괄적으로 사용되고 있는 몇 가지 기법에 대하여 살펴보고자 한다. 우선 비언어적으로 이루어지며 기법이라기보다 상담자가 내담자를 대면하여 상담을 실시할 경우 반드시 갖추어야 하는 상담자의 마음가짐 내지는 태도라고 볼 수 있는 공감, 로저스가 중요하게 여겼던 무조건적 존중, 경청을 살펴보겠다. 그리고 구조화, 반영, 명료화, 요약, 직면, 해석에 대해서도 살펴보겠다.

1) 비언어적 기법

<table>
<tr><td>

1. 공감하기

내담자의 감정, 느낌, 정서와 하나가 되는 감정 이입과 같은 것으로 나의 입장이 아닌 내담자의 입장에서 그들의 정신세계를 이해하는 것이다. 그러나 로저스의 말대로 "내담자의 분노, 두려움이나 혼란을 느끼되 그것에 의해 속박되지 않는 것"이 동정과 다르다고 할 수 있다.

</td><td></td></tr>
</table>

<table>
<tr><td>

2. 무조건적 존중하기

내담자가 공부를 잘 못하는 학생이든, 폭력에 연루된 학생이든, 흡연 학생이든 그들은 어떠한 이유에서도 비판받아서는 안 되며 상담자는 항상 비심판적인 태도로 그들이 인간이라는 이유만으로 존중하고 수용하여야 한다. 상담자는 늘 자신을 성찰하고 내면을 성숙시켜 모든 내담자를 따뜻하게 대할 수 있어야 한다.

</td><td></td></tr>
</table>

<table>
<tr><td>

3. 경청하기

상담을 성공적으로 이끌 수 있는 요인으로서 내담자가 하는 말 중에서 상대적으로 더 비중을 두어야 할 내담자의 말이나 행동을 선택적으로 주목하는 것이다. 상담자는 내담자의 말에 적절하게 고개를 끄덕여 주거나, "음", "그랬구나." 등 가벼운 반응을 보여 줌으로써 경청하고 있음을 느끼게 할 수 있다.

</td><td></td></tr>
</table>

2) 언어적 기법

<table>
<tr><td>

1. 구조화하기

주로 상담 초기에 사용하는 것으로 상담을 시작할 때 상담을 하는 목적이 무엇이며 상담의 횟수는 몇 번으로 할 것인지, 한 번 할 때 시간은 어느 정도인지, 또 이때 비밀유지 부분에 대해 설명해 줌으로써 내담자로 하여금 상담에 대해 생각해 보고 명료화해 볼 수 있는 기회를 제공할 수 있다.

</td><td></td></tr>
</table>

2. 반영하기

내담자가 한 말을 단순히 반복하는 재진술과는 달리 감정, 생각, 태도를 상담자의 말로 부연설명해 주는 것이다. 반영은 내담자의 내면을 파악하여 상담자가 그것을 이해하고 있다는 것을 알게 함으로써 내담자의 자기 이해를 도울 수 있다. 보통 "당신은 ~라고 느끼는군요(생각하는군요)."라고 반영해 줄 수 있다. 또한 "떠나 버린 남자친구를 용서했다고 하지만 그 이름이 나올 때마다 주먹을 꽉 쥐시는군요."라고 하는 것도 반영의 예이다.

3. 개방적 질문하기

"예", "아니오"라는 제한적인 답을 유도하는 폐쇄적인 질문보다는 폭넓고 다양한 답을 구할 수 있는 개방적인 질문이 내담자의 생각이나 감정에 대해 더 많은 정보를 얻는 데 유용하다. 그러나 내담자 개인에 따라 특성이 다를 수 있으므로 상황에 따라 적절하게 선택하여 사용하는 것이 좋다.

4. 재진술하기

내담자가 한 말을 다시 한 번 말하는 것으로 요약의 의미가 있다. 즉 내담자가 말을 장황하게 하거나 알아듣지 못하게 할 경우 상담자가 그 말을 다시 한 번 말해 줌으로써 내담자의 표현을 정리하고 요약할 수 있는 기법이다.

5. 명료화하기

내담자가 확실한 뜻도 잘 모르면서 사용하는 말이 있을 때 상담자가 그 말을 이해하지 못했음을 밝히고 그것이 무엇을 의미하는 것인지 구체적으로 말해 줄 것을 요청하는 것이다. "이 세상에서 사라지고 싶다."고 했을 경우 상담자는 "사라진다는 것이 무엇을 의미하는지 선생님이 잘 이해하지 못하겠구나. 좀 더 구체적으로 말해 주겠니?"라고 질문하여 내담자가 한 말을 새롭게 표현해 봄으로써 의미를 분명하게 할 수 있다.

6. 직면하기

내담자 스스로가 인정하기를 거부하는 생각이나 감정에 대해 깨닫도록 해 주는 것이다. 받아들이지 못하고 있는 것에 대해 바로 인식하도록 해 주며 말이나 행동의 불일치를 지적해 주는 것이다. "어젯밤에 헤어진 제 남자친구가 총에 맞아 죽는 꿈을 꾸었어요."라고 말하는 내담자에게 "혹시 자신을 버리고 떠난 남자친구가 죽어 버렸으면 하고 바랐던 것은 아닌가요?"라고 직면시킬 수 있다.

7. 해석하기

조금은 어려운 기법으로서 세련된 추측이라고 볼 수 있다. 해석은 반영보다 그 정도와 깊이가 더 한 것이라 볼 수 있다. 정신분석에서 보면 명료화는 방어기제를 인식시켜 주는 것이며, 직면은 방어 기제[*]의 원인이 되는 불안을 자각시키는 것이고, 해석은 그러한 방어기제와 불안 간의 관계를 설명해 주는 것이다(이장호 외, 1999). 즉 해석은 내담자가 한 말이나 행동이 어떤 의미를 지니고 있는지 설명해 주는 기법이라 할 수 있다.

8. 자기 개방하기

상담자의 경험, 견해, 생각들을 내담자와 함께 이야기하는 것으로 자신의 삶에 대한 내담자의 지각을 명료화하는 데 도움이 될 수 있다. 과도한 자기 개방을 피한다면 내담자에게 자신이 가지고 있는 문제가 자기만이 가지는 특별한 것이 아니라는 보편성을 주어 편안한 마음을 가지게 하는 데 도움이 될 수 있다.

방어기제 알고 가기

프로이드는 억압된 욕구를 직면한 문제와는 관계없는 방향으로 해소하여 자아가 무의식중에 파국으로 빠지는 것을 막고 자신을 보호하려는 방어기제에 대해 언급하였다. 즉 자아 방어는 무의식의 수준에서 일어나지만 현실을 거부하거나 왜곡시키는 경향이 강하다. 대부분의 사람들이 개인의 발달수준과 불안의 정도에 따라 다를 뿐 누구나 방어기제를 사용하며 살아간다. 누구나 사용하는 방어기제는 병적이라기보다 정상적인 행동이라 할 수 있으나 일상생활을 방해할 정도로 지나치다면 바람직하다고 할 수 없다.

프로이드는 불안을 현실적 불안과 신경증적 불안, 그리고 도덕적 불안으로 나누어 설명했는데 방어기제는 바로 이러한 불안을 극복하고, 불안에 압도되지 않도록 하기 위해 행해지는 행동으로 개인이 불안에 대처하는 것을 돕고, 상처입은 자아를 보호한다. 그리고 억압, 부정, 반동형성, 투사, 전위, 승화, 합리화, 퇴행, 주지화 등이 방어기제로 설명될 수 있으며 그 내용은 다음과 같다.

생활 속 방어기제		
억압	자아가 위협적인 내용을 의식 밖으로 밀어내거나 혹은 그러한 자료를 의식하지 않으려고 적극적으로 노력한다.	
부정	부정은 현실에서 일어났던 위협적이거나 외상적인 사건을 받아들이지 않고 거절한다.	
반동형성	개인의 내면에서 수용할 수 없는 충동을 정반대로 적극적으로 표현하는 것이다.	

생활 속 방어기제		
투사	자신이 갖고 있는 좋지 않은 충동을 다른 사람이 가지고 있다고 원인을 돌리려 한다.	
전위	어떤 대상에게 원초아의 충동을 표현하기가 부적절하면 그러한 충동을 다른 대상으로 대체한다.	
승화	전위의 한 형태로서 수용될 수 없는 충동이 사회적으로 받아들여질 수 있는 충동으로 대체되도록 한다.	
합리화	자신의 행동을 그럴듯한, 그러나 부정확한 핑계를 사용하여 받아들여질 수 있게끔 행동을 재해석하는 것이다.	
퇴행	위협적인 현실에 직면하여 덜 불안을 느꼈던, 그리고 책임감이 적었던 이전의 발달단계의 행동을 하는 것이다.	
주지화	위협을 냉정하고 분석적으로 초연하게 생각하는 경향이다	

 쉽고 재미있는 상담교실

4. 상담의 목표 배우기

상담은 아무런 목적 없이 떠들어 대는 잡담과는 다르다고 하였다. 목적지가 있어야 핸들의 방향을 잡을 수 있는 운전과 같이 정확하고 구체적인 목표가 제시되어야 그만큼 노력과 시간을 줄일 수 있을 것이다. 상담목표는 여러 가지로 제시되고 있지만 다음과 같이 요약할 수 있다.

1) 비생산적 행동 변화

상담은 결국 내담자가 만족하고 행복한 삶을 살아갈 수 있도록 바람직한 행동에로의 변화된 모습을 목표로 한다고 할 수 있다. 행동의 변화를 촉진할 수 있도록 도움을 줄 수 있는 상담을 목표로 한다.

2) 상황에 대한 대처 능력

상담으로도 변화될 수 없는 문제가 많다. 특히 내담자를 둘러싼 주변 환경이나 상황은 상담으로 변화시킬 수 있는 문제가 아니다. 그러나 상담을 통해 내담자의 내면을 성숙시킨다면 새로운 문제나 요구에 직면했을 때, 대처해 나갈 수 있는 힘과, 상황을 대범하게 받아들일 수 있는 힘을 가지게 될 것이다. 결국 상담은 내담자가 직면한 사태에 대처해 나가는 것을 돕는 것이 목표라 할 수 있다.

3) 원만한 인간관계 맺기

상담은 타인조망훈련 등을 통해 관계를 개선시킬 수 있는 언어 및 행동습관과, 관계를 해치는 언어습관 등을 스스로 구분하여 실천할 줄 알게 됨으로써 대인관계 능력을 향상시키는 것을 목표로 한다.

4) 긍정적 정서 갖기

상담을 통해 자신의 단점보다는 장점을 보게 되고 자신감을 회복하며 부정적 정서보다는 긍정적 정서 함양을 목표로 하여 내담자가 세상을 바라보는 시각을 달리할 수 있는 힘을 키울 수 있다.

5) 행동에 대한 책임지기

상담은 내담자가 수동적이고 소극적인 자세로 살아가기보다는 자신에게 주어진 상황을 자신의 자유 의지로써 적극적이고 자발적으로 행동하고, 그 행동에 대한 책임도 스스로 질 줄 알도록 돕는 것을 목표로 한다.

6) 의사결정하기

상담은 내담자가 자신에게 주어진 문제를 해결하고 스스로 결정할 수 있는 의사 결정 능력을 증진하여 좀 더 보람되고 당당한 삶의 주체로서 살아갈 수 있도록 돕는 것을 목표로 한다.

마음 읽어 주기 연습하기

　여러 가지 기법들을 이용해 내담자들과의 대화를 이끌어 나가면 상담에 도움이 되지만 그전에 나와 이야기하고 있는 내담자들의 마음을 이해하고 공감해 주는 것이 무엇보다 필요하다. 다음 상황에서 취할 수 있는 적절한 반응으로 '마음 다독임'이 될 수 있도록 연습해 보자.

급식시간에 밥이 맛이 없다며 불평만 하고 있던 학생이 급기야 밥을 먹지 않겠다며 숟가락을 집어 던진다.	

부적절한 반응	"나쁜 아이구나! 음식을 감사히 먹을 줄 알아야지!"
학생의 마음상태	
긍정적 반응	

쉬는 시간에 한 학생이 공동으로 쓰는 학용품이나 장난감을 혼자만 쓰겠다고 친구에게서 빼앗고 있다.	

부적절한 반응	"참 못됐구나! 친구랑 같이 갖고 놀아야지!"
학생의 마음상태	
긍정적 반응	

요즘 친구들이 자신을 따돌리며 함께 놀아 주지 않는다고 하소연한다.	

부적절한 반응	"네가 잘했으면 쟤들이 널 따돌리겠니? 별거 아닌 것 갖고 괜히 그러는구나. 그만 울어!!"
아이의 감정 상태	
긍정적 반응	

상담기법 실습해 보아요

상황	대화
	1. 반영: 2. 개방적 질문: 3. 재진술: 4. 명료화:

상황	대화
	1. 반영: 2. 개방적 질문: 3. 재진술: 4. 명료화:

상황	대화
	1. 반영: 2. 개방적 질문: 3. 재진술: 4. 명료화:

☆ 상담활용 기법 다지기

1. 해결지향적 질문 기법 배우기

내담자와 함께 상담을 진행해 나가다 보면, 무엇을 어떻게 질문해야 내담자의 욕구를 탐색하고, 내담자에 대한 많은 정보를 얻을 수 있는지 몰라 난감할 때가 가끔씩 있다. 상담이라는 이름으로 내담자를 대해 본 경험이 없는 경우라면 그 고민은 더욱 클 것이라 생각된다. 앞에서 살펴보았던 상담의 여러 가지 기법들을 적절하게 활용하는 것이 상담을 이끌어 나가는 데 도움이 될 수 있듯이 지금 소개하고자 하는 해결지향적 질문들도 내담자의 욕구를 탐색하고, 내담자에게 긍정의 피드백과 칭찬을 통해 자신감을 가지게 함으로써 자신이 가지고 있는 문제를 스스로 해결할 수 있는 능력이 있음을 깨닫게 할 수 있다. 또한 그 힘으로 직면한 상황을 스스로 극복해 나갈 수 있도록 도울 수 있다. 상담을 통해 내담자에게 힘을 주고, 문제를 스스로 해결함으로써 상담의 목적을 이룰 수 있는 '기대예측(척)' 질문기법들을 살펴보고자 한다.

1) 기적질문

내담자가 바꾸고 싶어 하는 것을 스스로 생각하여 설명하게 함으로써 내담자의 욕구를 탐색할 수 있으며, 내담자도 자신의 욕구를 구체화해 보고 그 욕구를 어떻게 채워 나갈 수 있는지에 대한 탐색으로 이어질 수 있다. 문제 자체에서 한 발 떨어져 그 문제를 객관적으로 바라보며, 해결책을 상상하게 함으로써 해결 중심의 영역으로 들어가게 할 수 있다.

2) 대처질문

자신의 상황에 대한 절망감과 좌절감을 가지고 있는 내담자에게 희망과 약간의 성공을 경험할 수 있도록 해 주는 질문기법이다. 즉 내담자의 무력감에 도전하며 상황이 더 나빠지지 않고 지금까지 잘 참고 견뎌 온 것을 칭찬하며, 자신이 대처방안 기술을 가졌음을 깨닫게 해 주는 것이다.

3) 예외질문

문제 행동이나 상황이 예외적으로 일어나지 않은 경우를 찾아내어 내담자의 성공을 확대하고 강화시켜 주고자 하는 것이다. 우연적인 예외라 할지라도 성공으로 밝히고, 의도적인 노력이 이어질 수 있도록 격려하고 칭찬한다. 예외의 경우에 자신이 어떻게 했었는지 탐색하게 하여 잠재능력을 찾고 자아존중감을 강화시켜 줄 수 있다.

4) 척도질문

학교생활에 대한 만족도, 가정에 대한 만족도, 자아존중감, 행동변화에 대한 믿음 등에 대한 막연한 정도를 수치로 표현해 보도록 하는 질문기법이다. 내담자는 이 질문을 통해 현재 정서 상태나 관계 등에 대해 보다 구체적으로 알 수 있으며, 변화의 정도에 대해서도 정확하게 파악해 볼 수 있다.

질문의 종류	질문의 예	그림으로 이해
기적질문	□ "당신의 상황이 어떻게 변하면, 무엇을 보면 '아, 기적이 일어났구나.'하고 믿으실까요?" □ "아침에 일어나 무엇을 보면 지난밤 기적이 일어나 문제가 해결되었다는 것을 알 수 있을까요?" □ "세상에 기적이 일어나 당신의 모든 문제가 해결된다면 어떤 일들이 일어날까요?"	
대처질문	□ "상황이 더 나빠질 수도 있었을 텐데 어떻게 상황이 더 나빠지지 않고 지금까지 올 수 있었나요?" □ "당신에게는 참으로 어려운 상황이었을 텐데 어떻게 지금까지 잘 견뎌 나왔나요?" □ "이렇게 잘 견뎌 나올 수 있었던 이유를 말씀해 주실 수 있나요?"	
예외질문	□ "지난 한 달 동안 엄마에게 짜증을 내지 않았던 적은 언제인가요?" □ "엄마와의 관계가 덜 심각했던 때는 언제인가요?" □ "지금보다 학교가 덜 지루하게 느껴졌던 때는 언제인가요?"	
척도질문	□ "학교생활에 대한 만족도를 1에서 10으로 나타낸다면 당신은 오늘 몇 점 정도에 와 있나요?" □ "상담을 통해 당신이 좋아질 수 있다를 1에서 10으로 놓고 본다면 지금 당신은 몇 점을 줄 수 있나요?" □ "지금 5점에서 6점이 되려면 무엇이 조금 바뀌면 될까요?"	

학교(가정)생활에 대한 만족도를 1에서 10으로 놓고 본다면 나는?

나에게 또는 내 환경에 무엇이 조금 변한다면 현재 상태에서 1점이라도 오를 수 있을까요?

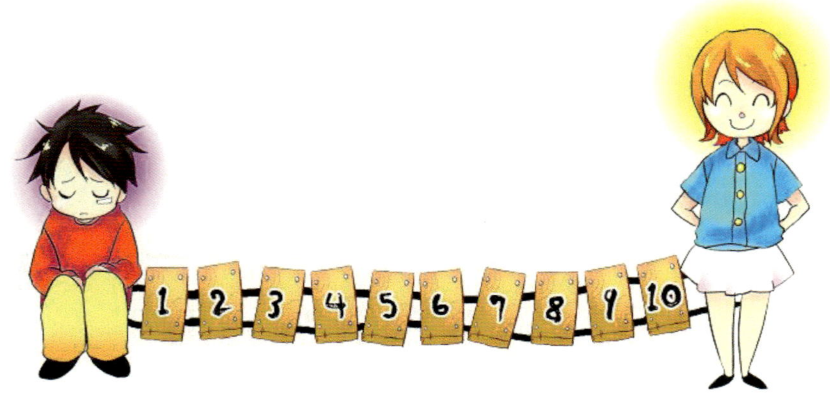

2. WDEP로 상담 절차 배우기

상담을 하다 보면 앞으로 진행되어 나가지 못하고, 다람쥐 쳇바퀴 돌듯이 제자리를 빙글빙글 돌고 있다는 느낌으로 당황스러울 때가 있다. 어떤 지침이나 매뉴얼의 도움을 얻어 물 흐르듯이 자연스럽게 진행되어 나가는 상담을 기대하게 된다. 그러한 상담자의 욕구를 채워 줄 수 있는 방법에는 몇 가지가 있을 수 있겠지만 여기서는 WDEP에 대해 설명하고자 한다. WDEP는 내담자의 현실 변화를 위한 상담과정인 현실요법 상담(Reality Therapy: RT)에서 언급되고 있다. 우볼딩(Wubbolding)은 현실요법에서 내담자가 자신들의 욕구를 알고, 그 욕구를 충족시키기 위한 계획을 세우기까지의 과정을 WDEP라 하고 효율적인 계획을 세우기 위한 방법으로 SAMIC3/P를 제시하였다.

현실요법 상담은 1950년대 William Glasser가 주창한 상담과정으로 내담자가 자기의 욕구를 건강한 방법으로 충족시키기 위해 자신의 행동을 주도적으로 선택하고 책임을 지도록 상담자가 도움을 주는 과정이다. 현실요법 상담에서는 많은 사람들이 여러 가지 삶의 현장에 활용할 수 있는 실용적이고, 구체적인 이론과 방법을 가르쳐 주어 성숙한 인간으로서의 삶을 영위할 수 있도록 돕는 데 목표를 두고 있으며 그 중 하나가 WDEP 상담과정이다. 이것은 상담과정으로서만이 아니라 모든 사람들이 자신의 어떠한 상황을 놓고 한 걸음 물러서서 객관적으로 그 상황을 들여다보며, 행동을 평가하고, 계획할 수 있는 기회를 마련해 줄 수 있다.

W(Want) - 내담자의 욕구가 무엇인지를 질문한다.

D(Doing) - 현재 행동에 초점을 두고 무엇을 하고 있는지 질문한다. 느낌이나 생각이 아닌 활동 중심으로 탐색하는 것이 중요하다. 전 행동*에 대한 설명이 필요한 부분이다.

(이 책 68페이지를 참고하세요)

E(Evaluating) - 지금의 행동이 욕구 충족에 도움이 되는 행동인지 탐색하도록 한다. 또한 자신의 욕구가 현실가능한 것인지도 평가해 보게 한다.

P(Planning) - 욕구를 충족시킬 수 있는 계획을 수립하는 것이다. 구체적이고 현실적인 계획이 될 수 있도록 한다. 'SAMIC3'*에 대한 설명이 필요하다. (이 책 40페이지를 참고하세요)

1) WDEP 살펴보기

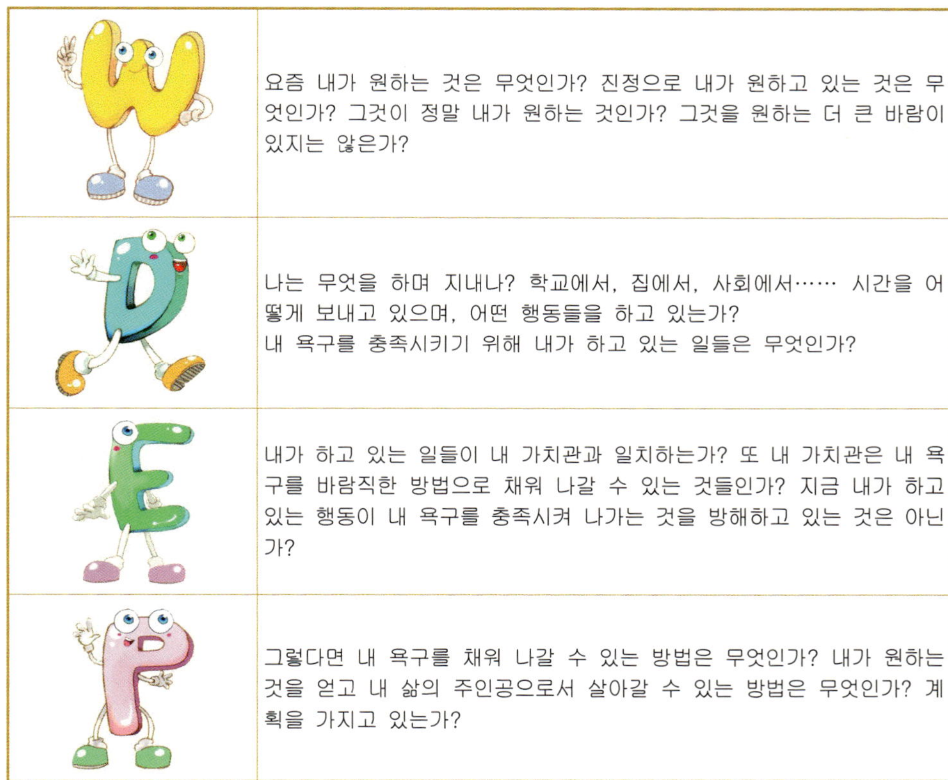

	요즘 내가 원하는 것은 무엇인가? 진정으로 내가 원하고 있는 것은 무엇인가? 그것이 정말 내가 원하는 것인가? 그것을 원하는 더 큰 바람이 있지는 않은가?
	나는 무엇을 하며 지내나? 학교에서, 집에서, 사회에서…… 시간을 어떻게 보내고 있으며, 어떤 행동들을 하고 있는가? 내 욕구를 충족시키기 위해 내가 하고 있는 일들은 무엇인가?
	내가 하고 있는 일들이 내 가치관과 일치하는가? 또 내 가치관은 내 욕구를 바람직한 방법으로 채워 나갈 수 있는 것들인가? 지금 내가 하고 있는 행동이 내 욕구를 충족시켜 나가는 것을 방해하고 있는 것은 아닌가?
	그렇다면 내 욕구를 채워 나갈 수 있는 방법은 무엇인가? 내가 원하는 것을 얻고 내 삶의 주인공으로서 살아갈 수 있는 방법은 무엇인가? 계획을 가지고 있는가?

WDEP를 위한 질문

 **탐색 질문**

너는 너의 삶이 어떻게 되기를 원하니?

너는 선생님이 어떻게 해 주시기를 원하고 있니?

네가 정말 원하는 것은 무엇이니?

너는 친구들(선생님, 부모님)과 어떻게 지내기를 원하니?

네가 원하는 세상은 어떤 것이니?

이 상담이 끝나고 났을 때, 너는 무엇이 조금 바뀌었으면 좋겠니?

지금 기적이 일어났다면 너는 어떤 것을 보고 기적이 일어났다는 것을 알 수 있겠니?

네가 원하는 것이 다 이루어진 세상은 어떤 것이니?

 **탐색 질문**

너는 지금 무엇을 하고 있니?

옛날에 네가 보람되다고 느꼈을 때 너는 무엇을 하고 있었니?

지금보다 조금 더 자유로웠을 때 너는 무엇을 하고 있었니?

네가 재미있다고 느낄 때 너는 무엇을 하고 있었니?

너의 행동은 교칙에 위배되는 것으로 보이는데 너는 무엇을 하고 있니?

지금 하고 있는 행동을 생각할 때, 무엇을 하고 있다고 생각되니?

네가 따뜻하다고 느꼈을 때, 너는 어디에서 누구와 무엇을 하고 있었니?

 한눈에 쏙쏙들어오는 쉽고 재미있는 상담교실

너는 욕구 충족을 위해 무엇을 하고 있니?

 탐색 질문

그런 행동을 계속 하게 된다면 어디로 가게 될 것 같니?

그런 행동을 계속 하게 된다면 네가 원하는 욕구를 채울 수 있니?

그런 행동을 계속 하게 된다면 네가 원하는 것을 얻는 데 도움이 되니?

네가 하고 있는 행동이 도덕적이고 합법적이니?

그런 행동들이 네가 바라고 있는 삶에 도움이 되니?

그런 행동들이 네가 바라고 원하는 삶에 가까이 가는 것이니?

그런 행동들을 계속 하게 된다면 네가 원하는 것을 얻게 되니?

너의 행동들은 너의 욕구를 충족시키는 데 도움이 되니, 방해가 되니?

 탐색 질문

너의 욕구 충족을 위해 무엇을, 언제부터 해야 할까?

네가 바라는 것을 얻기 위해 방법을 찾아볼 마음이 있니?

원하는 것을 얻기 위해 무엇을, 또 언제부터 해야 한다고 생각하니?

네가 지금부터 할 수 있는 것을 함께 찾아볼까?

원하는 것을 얻기 위해 할 수 있는 행동들을 어떻게 실천으로 옮기겠니?

욕구를 채울 수 있는 행동들을 실천할 수 있는 방법들을 구체적으로 말해 줄 수 있니?

네가 생각하고 있는 것을 이루기 위해 무엇을 할 수 있을지 찾아볼까?

현실 변화를 위해 해야 할 일들을 어떻게 실천할 수 있겠니?

상황 속 WDEP 적용해 보기

내가 최근에 경험하고 있는, 해결해야 할 문제나 고민이 무엇인지 생각해 봅시다. 그리고 그 문제나 고민을 어떻게 해결해야 하는지 현실요법에서의 **W → D → E → P** 에 맞게 풀어나가 봅시다.

나의 문제 상황	

 한눈에 쏙 들어오는 쉽고 재미있는 상담교실

나의 소원을 순서대로 적어 봅시다.

내가 만약 과거로 돌아간다면……		
언제로	왜	그때 나는

내가 만약 미래로 날아간다면……		
언제로	왜	그때 나는

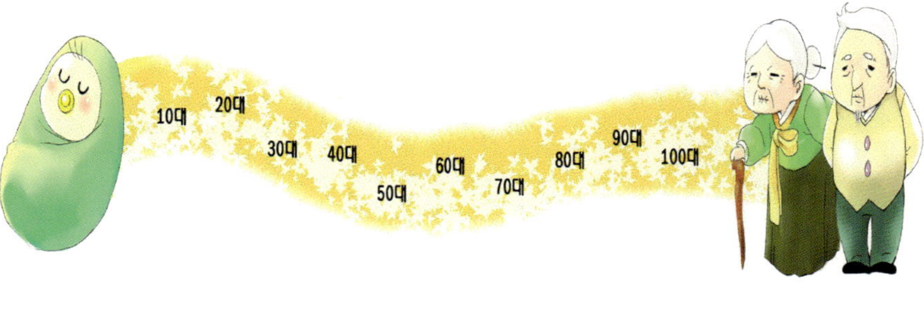

10대
20대
30대
40대
50대
60대
70대
80대
90대
100대

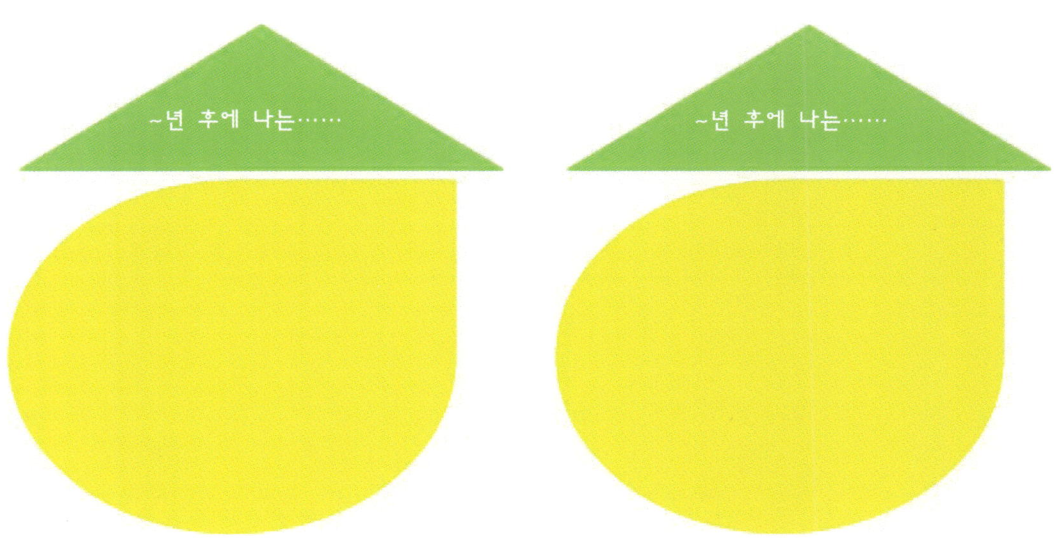

~년 후에 나는……
~년 후에 나는……

삶의 계획표

계획을 세울 때 이렇게……

SAMIC3/P 활용하기	
Simple	**계획은 단순하고 간단해야 한다.** 복잡하고 어려우면 실천의 가능성이 그만큼 줄어들 수 있다. 간단하고, 단순한 계획으로 실천의 가능성을 높이자.
Attainable	**계획은 도달할 수 있어야 한다.** 자신의 여건과 능력을 고려하지 않은 무리한 계획은 계획으로서의 가치가 없다. 도달할 수 있는 현실적인 계획을 세워 보자.
Measurable	**계획은 측정할 수 있어야 한다.** '열심히 공부하자', '영어 능력 향상시키기' 등은 달성 여부를 측정하기 어렵다. '하루에 영어 단어 20개 외우기' 또는 '수학 함수 1시간 공부하기' 등 달성 여부를 측정할 수 있어야 한다.
Immediate	**계획은 즉각적이어야 한다.** 아무리 좋은 계획이라도 내일로 자꾸 미루면 아무 의미가 없다. 계획은 바로 실천에 옮길 때 가치 있다.
Controlled	**계획은 계획자에 의해 통제되어야 한다.** 계획은 다른 사람의 것을 모방하거나 다른 사람이 세워 주는 것에 의존해서는 안 되며 자신이 직접 세워야 한다.
Consistent	**계획은 일관성이 있어야 한다.** 계획은 정규적인 근거로 반복된다. 기분에 따라 계획 수립의 일관성 여부가 달라지는 것은 바람직하지 않다.
Committted	**계획은 실천하겠다는 약속이 있어야 한다.** 계획은 계획으로서 끝나는 것이 아니라 반드시 이행하겠다는 의지가 있어야 한다. 그리고 실천으로 옮길 때, 계획으로서의 가치를 다 할 수 있을 것이다.
Planner	**모든 구성 요소는 계획자의 책임에 달려 있다.** 계획자 P는 분모에 있으며 이것은 계획에 대한 수립과 이행에 대한 모든 책임이 계획자에게 있음을 의미하는 것이다.

3. 교류분석에서의 교류패턴 배우기

　　미국의 정신의학자 에릭 번(Eric Bern: 1910~1970)에 의해 개발된 임상심리학에 기초를 둔 인간행동에 관한 이론체계로서의 교류분석에서는 인간에게 내재되어 있는 자아의 모습을 세 개의 구조로 설명하고 있다. 어버이 자아(P)와 어른 자아(A) 그리고 어린이 자아(C)가 그것인데 어버이 자아는 다시 비판적 어버이 자아(CP)와 양육적 어버이 자아(NP)로 나뉘어 설명되며, 어린이 자아는 자유어린이 자아(FC)와 순응 어린이 자아(AC)로 나뉘어 설명된다. 각 자아의 특징을 간단하게 설명한 것이 다음 표이다. 여기서는 이 자아들의 특성에 대해 이야기하고자 하는 것이 아니며 대인관계에서 사람과 사람이 주고받게 되는 교환으로서 P, A, C를 사용해 자신이 다른 사람들과 주고받고 있는 교환의 성격을 분석하는 교류패턴에 대해 언급하고자 한다. 자신의 교류패턴을 이해하고, 일상생활 속에서의 관계를 원만하게 할 수 있는 교류와 거부하거나 거부당하는 교류를 확인하고자 한다. 또한 그러한 상황에서 벗어나는 방법을 배움으로써 생활 속에서의 대화뿐만 아니라 상담과정에서의 대화로 활용해 좋은 대인관계를 만드는 데 도움을 주고자 한다.

1) 다섯 가지 자아의 특징

어버이 자아(P)	비판적 어버이 자아(CP)	비판적 · 비난적 전통 중시. 보수적 준법정신 투철	상: 완벽주의 하: 통제가 안 됨. 느슨함.
	양육적 어버이 자아(NP)	보호적 · 배려적 · 양육적 관계 중시	상: 과보호, 과간섭, 독립성 상실 하: 인간성 상실
어른 자아(A)	어른자아(A)	논리적 · 분석적 · 이성적 · 합리적	상: 기계적, 차갑고 냉정 하: 즉흥적, 일관성 상실
어린이 자아(C)	자유 어린이 자아(FC)	자유분방, 독창적 · 창의적	상: 항상 기쁨. (좋은 것, 나쁜 것 포함) 하: 즐겁지 않음. 자기가 없고, 생존의 의미도 없음. 주장하지 않음.
	순응 어린이 자아(AC)	순응적 · 협동적 타협과 조화	상: 자기비하, 열등감 하: 독단적, 고집이 셈.

① 어버이 자아

비판적 어버이 자아 	• 아버지 자아 또는 통제 자아라고 부르기도 한다. • 부모의 윤리, 도덕, 가치 판단 기준이 그대로 아이에게 내면화된 부분으로 비판적, 편견적, 봉건적, 비난적, 징벌적 특징이 있다. • 이 자아가 강한 사람은 명령이나 지시 등 자신의 가치관을 강요하는 지배적 언행을 보인다. 　　　"할머니 오셨는데 인사드려야지." 　　　"어디 여자가 밤늦게 돌아다녀!"
양육적 어버이 자아 	• 어머니 자아라고 부르기도 한다. • 부모가 자녀를 사랑하고 돌보는 등 자녀를 양육하는 말이나 행동이 내면화된 부분으로서 동정, 보호, 양육, 배려의 특징이 있다. 　　　"힘들지? 고생했다. 우유 한잔 마시렴." 　　　"좀 쉬었다 하세요."

② 어른 자아

어른 자아 	• 어른 자아는 객관적, 합리적, 분석적, 지성적, 논리적, 현실적 특징이 있다. 　　　"상대의 진의가 무엇인지 좀 더 자세히 확인해 보자." 　　　"누가, 언제, 어디서 무엇을 했나요?"

③ 어린이 자아

자유 어린이 자아 	• 부모나 어른들의 반응에 구애받지 않고, 자신의 욕구를 자연스럽게 나타내는 자아로서 본능적, 적극적, 창조적, 직관적, 감정적, 자발적, 행동적, 탐구적 특징이 있다. • 윤리나 도덕, 남에게 별로 구속받지 않고, 현실은 아랑곳하지 않으며 즐거움을 추구하고 불쾌한 것은 피한다. 　　　"시험 끝났다! 놀러 가자." 　　　"그거 먹기 싫은데요."
순응 어린이 자아 	• 자유 어린이 자아가 부모나 권위자에 의하여 훈련된 자아이다. • 순응적, 소극적, 의존적, 반항적 특징을 보인다. • 자아는 대인관계를 원만하게 이끌어 가는 것 같으나 사실은 항상 자신을 억제하고 있기 때문에 내부적으로 여러 가지 문제가 있을 수 있다. 　　　"죄송합니다. 아직 다 못 했습니다." 　　　"말씀대로 곧 행하겠습니다."

2) 교류패턴

인간관계에서의 교류를 중요시 여기는 교류분석에서 에릭 번(Eric Bern: 1910~1970)은 두 사람 혹은 그 이상의 사람들의 관계상황에서 일어나는 사회적 상호 교섭의 유형인 교류의 종류를 크게 세 가지로 분류하여 설명하고 있다. 발신과 수신이 가능한 각 자아의 상태는 앞에서 살펴본 다섯 가지의 특징을 참조하기 바란다.

교류의 세 가지 패턴은 다음과 같다.

① 상보교류

발신자가 기대한 대로 수신자가 반응하여 자극과 반응이 평행선을 이루고 있는 것을 말한다. 발신자는 어떤 하나의 자아 상태에서 대화를 시도하며 수신자에게 자신이 예상하는 자아 상태에서 반응이 되돌아오기를 기대한다. 그렇게 이루어지는 상보 교류가 반드시 생산적이라고 확언할 수는 없지만 반응이 기대대로라면 그래도 서로간의 교류는 자연스럽고 부드러울 것이다. 또한 상보교류가 이루어졌을 경우에는 서로가 공감을 얻었다는 기분이 들며 만족감을 느낀다. 서로에 대한 친근감과 대화의 안정감을 느끼며 기분이 좋다.

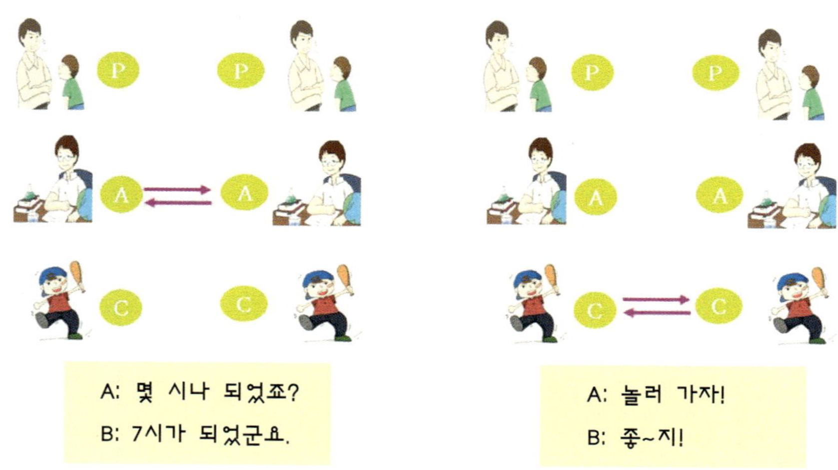

② 교차교류

발신자가 기대한 대로 수신자가 반응하지 않아 실망하거나 당황하거나 때로는 화가 나는 교류가 존재한다. 이렇게 자극과 반응이 기대한 자아 상태에서 되돌아오지 않고 교차되는 것을 말한다. 교차교류가 이루어졌을 때는 상보교류 때와는 달리 당황, 혼란, 실망 같은 것들로 어색한 분위기를 초래할 수 있고, 두 사람 간의 교류가 중단되기도 한다.

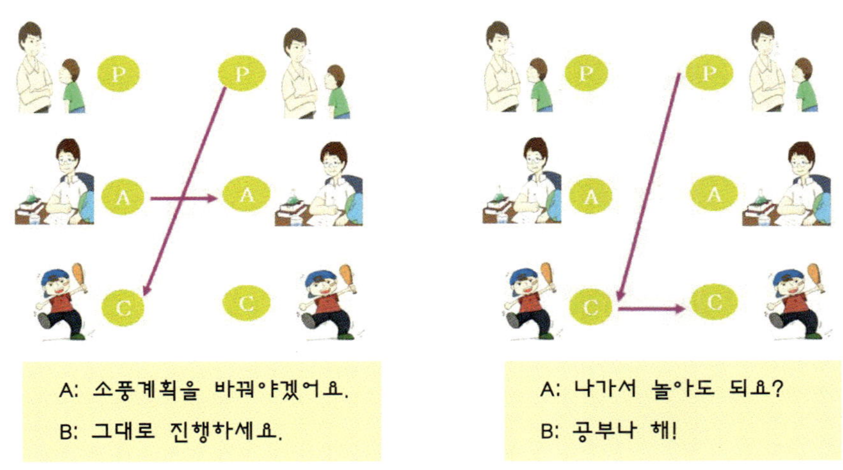

③ 이면교류

말 그대로 교류의 또 다른 면이 있음을 의미한다. 즉 표면적으로 보기에는 상보교류를 하고 있는 것처럼 보일 수 있으나 실제로 상대의 반응을 불러일으키는 것은 숨겨진 메시지이기 때문에 이면교류 후에는 뭔가 기분이 나쁘고 명쾌하지 않은 느낌을 가질 수 있다. 표면적으로 나타나는 사회적 메시지와 숨겨진 심리적 메시지가 있기 때문에 주의하지 않으면 상대방의 진의를 읽기가 어려울 수 있다. 이면 교류는 다른 교류와는 달리 동시에 두 개 이상의 자아 상태를 포함하는 특징이 있다.

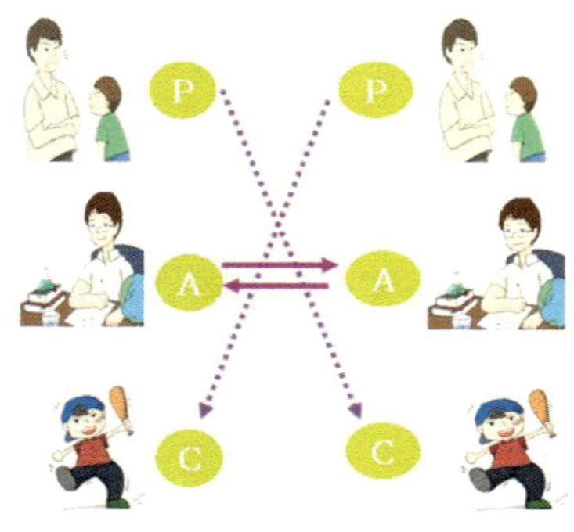
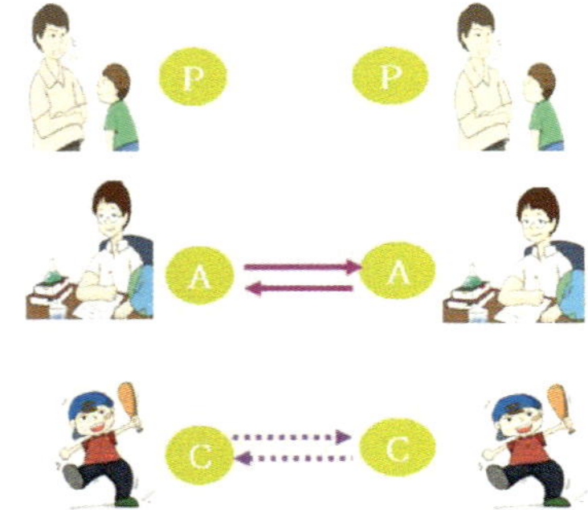

3) 의사소통 규칙

① 교류가 상보적으로 이루어지면 서로가 만족스러운 상태에서 기분 좋은 대화를 끝없이 주고받을 수 있게 된다.

② 교류가 교차되면 서로의 기분을 상하게 하거나 대화에 대한 불만족 상태에 빠지게 된다. 이 때 대화를 다시 시도하기 위해서는 어느 한 쪽이 상보적인 교류로 전환하기 위해 자아 상태를 변화시킬 필요가 있다.

예) "입 다물어!" -> "너부터 입 좀 다물지!" -> "아! 그래 내가 말을 조심해 야겠구나."

③ 이면교류를 통해 나타나게 되는 행동은 결국 사회적인 합의하에서 이루 어지는 행동이 아니라 자신의 주관적인 심리상태에서 결정된 것이다.

한눈에 쏙들어오는 쉽고 재미있는 상담교실

4) 발신의 특징

P발	비판적이거나 보호적이거나 하여 상대방을 가르치거나 걱정하며, 비난하기도 한다.
A발	사실에 입각해 객관적이고 분석적인 판단이나 정보를 상대에게 전달하고자 한다.
C발	감정적이며 정서적이고, 자신의 생각대로 행동하려 하지만, 상대방의 기분을 맞춰 주려 한다. => 심정을 알아주는 FC가 사실을 알려 주는 A보다 효과적이다. *약속 시간에 늦게 도착하여 상대가 화가 나 있다면 퇴근 시간에 차가 얼마나 막혔는지, 신호등이 얼마나 많았는지, 신호대기 시간이 얼마나 길었는지에 대한 사실적인 정보 제공보다는 '늦어서 미안하다'며 애교를 부리는 대화가 화가 난 상대방의 마음을 풀어주는 데 더 효과적일 수 있다.*

5) 수신의 특징

P발	자신이 한 말에 대해서 상대방의 지지를 얻고자 한다.
A발	객관적인 사실을 얻거나 또는 전하고자 하는 경우이며, 상대방의 이성을 자극하며 상대방을 어른으로 대접한다.
C발	상대방의 감정이나 정서에 호소하며, 상대방을 자신보다 어리고 약한 존재로 생각한다.

6) 예로 보는 세 가지 교류패턴

7) 세 가지 교류의 활용

상보교류	교차교류	이면교류
<ul><li>상대가 상보교류를 해오면 나도 상보교류로 대화한다.</li><li>상대가 하는 이야기를 잘 들어 준다.</li><li>수용적이고 긍정적인 대화를 한다.</li><li>상대방의 말을 솔직하게 되돌려 준다.</li><li>상보교류가 어려우면 상대방이 한 말을 그대로 반복하여 되돌려 줄 수 있다.</li></ul>	<ul><li>교차교류는 되도록이면 하지 않는 것이 좋다.</li><li>상대가 교차교류를 하면 상보교류를 위한 자아 상태로 전환하고, 그것이 어려우면 대화를 서둘러 끝내는 것이 더 바람직할 수 있다.</li><li>평소 자신이 교차교류를 얼마나 하고 있는지 탐색하여 생활 속에서 교차교류의 습관을 없애도록 노력한다.</li></ul>	<ul><li>무의식적으로 이면교류를 사용하고 있는지 확인해 본다.</li><li>원만한 대화를 위해 상대방의 숨은 의도를 정확하게 파악하는 것이 중요하다.</li><li>원만한 인간관계를 위해 이면교류는 원칙상 하지 않는 것이 좋다.</li><li>상보교류를 한 것 같은데 왠지 끝이 상쾌하지 않다면 이면교류를 의심해 볼 수 있다.</li></ul>
생산성 없는 상보교류가 계속 되거나, 상대방의 입장이나 최종결과를 생각해서 필요하다고 판단될 때 교차교류가 더 생산적일 경우도 있다.		

 한눈에 쏙 들어오는 쉽고 재미있는 상담교실

대화기법 실습해 보기 1

1. 다음 대화를 분석해 화살표를 만들어 봅시다.

A: 여보, 나 좀 도와줘요. B: 알았어요. 그럴게.	A: 날씨 좋다. 우리 드라이브 가요. B: 시험이야. 공부나 해.
A: 이거 다시 해. B: 잘 알겠습니다.	A: 백화점이 어디 있나요? B: 23번 버스로 종점까지 가세요.
A: 엄마, 나 밥 줘. (제때 밥도 안 줘.) B: 그래 알았다. (나이가 몇인데 밥도 하나 못 챙겨 먹어!)	A: 사랑해. B: 나도 사랑해요.

대화기법 실습해 보기 2

✪ 다음 대화를 분석해 화살표를 만들어 봅시다.

<table>
<tr><td>

A:
B:

</td><td>

A:
B:

</td></tr>
<tr><td>

A:
B:

</td><td>

A:
B:

</td></tr>
<tr><td>

A:
(   )
B:
(   )

</td><td>

A:
(   )
B:
(   )

</td></tr>
</table>

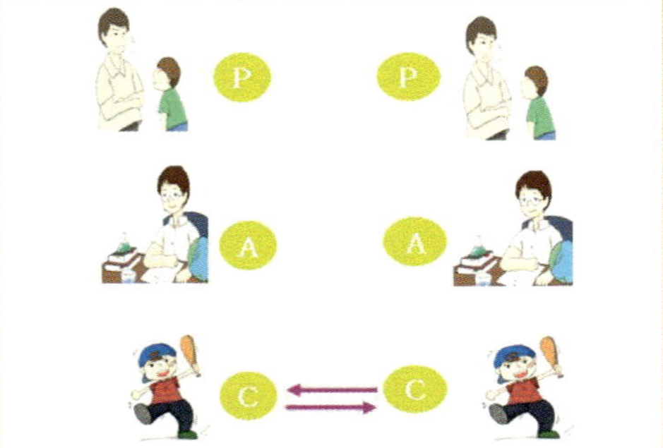

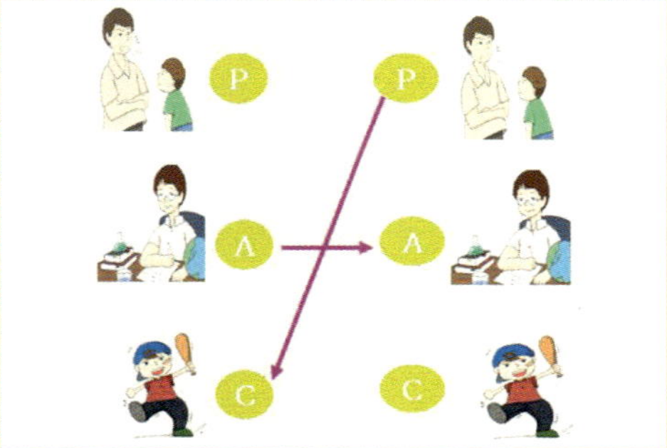

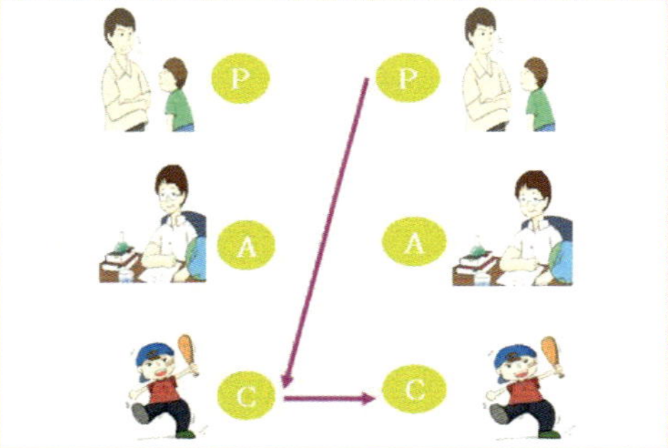

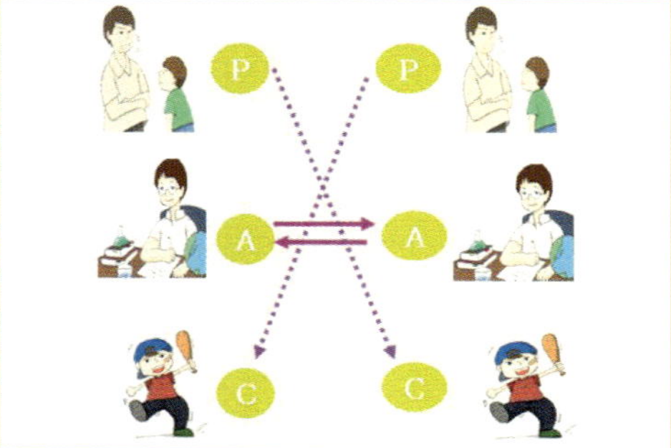

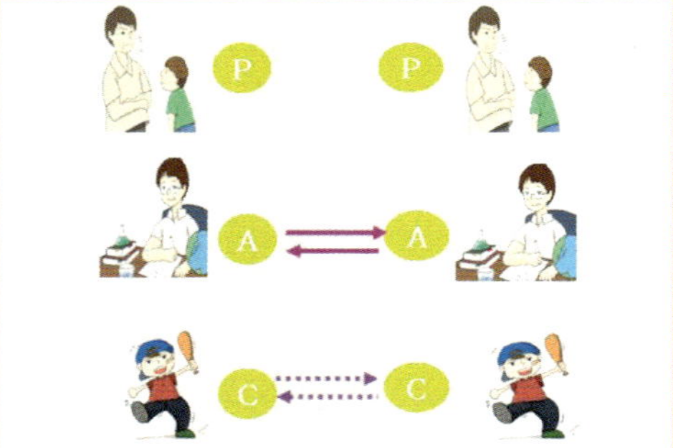

 한눈에 쏙 들어오는 쉽고 재미있는 상담교실

대화기법 실습해 보기 3

✪ 다음 대화를 분석해 화살표로 나타내고 상보적 교류가 될 수 있도록 수정하세요.

부인: 여보, 나 오늘 아파요.
남편: 나보고 어쩌라고? 나도 하루 종일 힘들었어. 피곤해.

적절한 반응:

부인: 여보, 아버님 제사가 언제죠?
남편: 그걸 질문이라고 해? 어떻게 시아버지 제사를 기억하지 못할 수 있어?

적절한 반응:

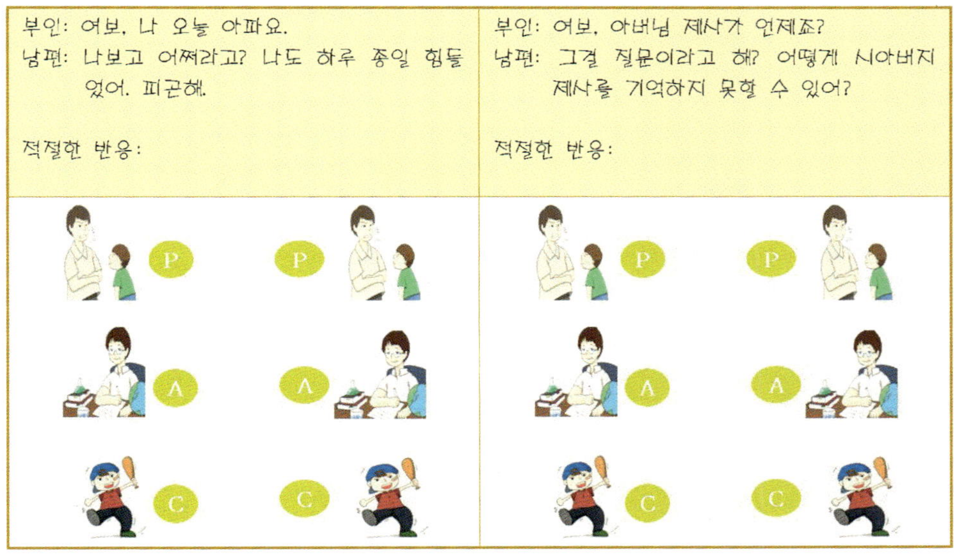

딸: 아빠, 제가 아빠 구두 다 닦아 놨어요.
아빠: 얘가 왜 안 하던 짓을 하고 그래? 너 뭔가 바라고 하는 거지?

적절한 반응:

A: 나 이 옷 샀는데. 어때요? 어울려요?
B: 당신 나이를 생각해 보시지. 어울리겠어?

적절한 반응:

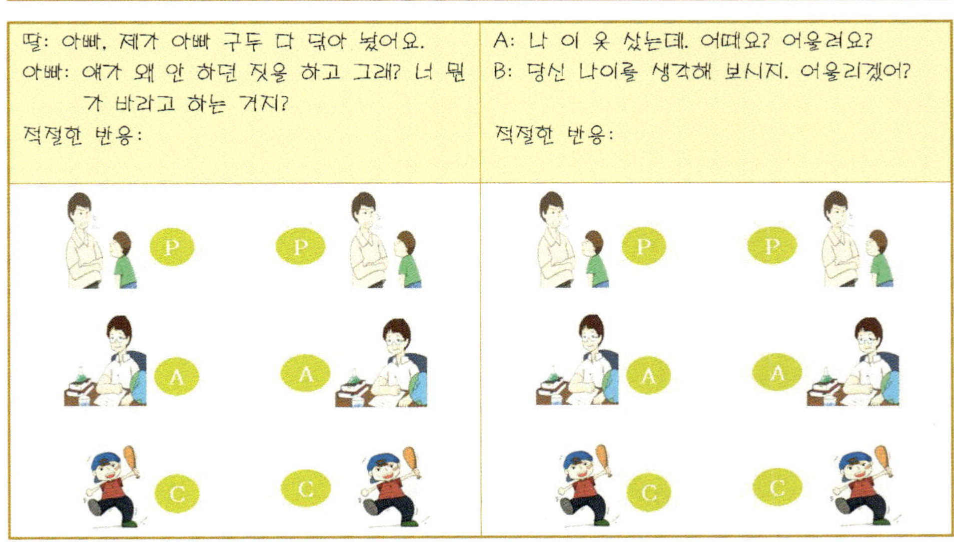

 한눈에 쏙 들어오는 쉽고 재미있는 상담교실

☆ 상담자 탐색으로 내적 역량 다지기

1. 상담자에게 필요한 능력 배우기

  상담가는 누구나 할 수 있지만 아무나 할 수 있는 것은 아니다. 상담가로서
의 여러 가지 자질이나 능력을 갖춘 사람만이 내담자를 만날 수 있다. 사람에
대한 따뜻한 사랑은 물론이거니와 여러 가지 윤리적인 문제나 전문적인 지식
또한 상담가가 갖추어야 할 능력 중의 하나이다. 온화한 미소와 따뜻한 마음만
으로 문제를 가진 내담자가 스스로 문제를 해결하고, 더 행복한 삶을 살 수 있
도록 도와주는 것에는 한계가 있다. 다친 마음을 공감해 주고, 그 마음을 읽어
주는 것에는 부족함이 없을 수 있지만 실질적인 문제를 해결하도록 도와줄 수
있으려면 문제에 대한 객관적인 이해와 전문적인 지식이 필요한 것이다. 의사
는 환자의 병을 고쳐 주고 치료하며 도움을 줄 수 있지만 잘못된 지식으로 인
해 환자를 더 힘들게 하거나 죽음으로 이르게까지 할 수 있다. 상담가 역시 내
담자의 마음을 위로하고, 치료하며 도움을 줄 수 있지만 오만한 교만과 잘못된
지식으로 인해 내담자를 더 힘들게 하고 마음을 다치게 하며 죽음에까지 이르
는 데 간접적으로나마 영향을 미칠 수 있음을 기억해야 한다. 따라서 항상 처
음 상담에 임하던 겸손한 자세로 자기 성찰과 탐색을 게을리 하지 않아야 하며
슈퍼비전을 통한 자기 성장에도 시간을 아끼지 말아야 한다. 또한 상담이론과
함께 상담에 관련된 전문적인 지식탐구에도 관심을 가져야 한다. 이렇듯 진정
한 상담가는 내담자의 마음에 충분히 공감해 주고 그들이 털어놓는 말을 경청
해 줄 수 있는, 그리고 자신들의 문제를 스스로 해결하는 데 도움을 주고자 하
는 열정과 같은 인간적 능력과 내담자와의 관계에 있어서 지켜야 할 도리와 예
의를 아는 윤리적 능력과 내담자들의 문제를 해결하는 데 실질적인 도움을 줄
수 있는 전문가이어야 하며, 전문적인 지식을 갖춘 상담가를 우리의 내담자들
은 기대하고 있을 것이다. 따라서 지금부터 상담가가 갖추어야 할 여러 가지
능력들에 대해 살펴보겠다.

1) 인간적 능력

	일치성	상담자는 내담자와의 관계에서 정직해야 함을 말한다.
	정서적 성숙	상담자는 내담자의 정서 변화에 대해 자신의 정서를 통제할 줄 알아야 하며, 내담자의 침착한 이야기를 이끌어 낼 수 있도록 따뜻하게 포용할 줄 알아야 한다.
	민감성	내담자의 말, 행동, 태도에 대해 반응할 줄 아는 민감성을 말한다.
	심리적 안정감	내담자의 어떠한 저항이나 침묵에도 흔들림이 없는 심리적인 안정감이 필요하다.
	인간에 대한 관심	인간에 대한 따뜻한 배려와 상대를 수용할 줄 아는 인간에 대한 깊은 관심이 필요하다.

2) 상담윤리와 관련된 상담자의 능력

	비밀보장	내담자에 대해 알게 된 사실에 대해 예외의 경우를 제외하고 비밀을 보장하여야 한다.
	이중관계	상담실 밖에서 내담자를 따로 만나거나 다른 관계로 발전해서는 안 된다. 특히 성적인 관계는 피해야 한다.
	경제적 거래	상담료 이외의 어떠한 경제적 보상도 요구하여서는 안 된다.
	내담자 의뢰	자신이 도울 수 없는 내담자 문제에 대해서는 다른 기관에 의뢰할 줄 아는 것도 상담자의 능력이다.

3) 전문적 능력

	전문적 지식	인간에 대한 따뜻한 마음과 사랑 같이 상담자라면 누구나 기본적으로 가져야 하는 인간적인 능력도 중요하지만 따뜻한 마음만으로 내담자가 문제를 해결하도록 도울 수는 없다. 내담자가 문제를 스스로 해결할 수 있도록 도울 수 있으려면 상담자가 여러 가지 문제에 대한 전문적인 지식을 가지고 있어야만 진정한 도움을 제공해 줄 수 있다. 많은 내담자들에게 도움을 줄 수 있도록 상담자는 끊임없는 노력과 슈퍼비전을 통해 능력을 키워 나가는 일에 부족함이 없어야 한다.

관계 맺기에 대한 점검 1

관계 맺기 걸림돌		관계 맺기 지름길	
회유하기		격려하기	
비난하기		지지하기	
비판하기		신뢰하기	
잔소리하기		경청하기	
협박하기		불일치 타협하기	
불평하기		수용하기	
벌하기		존중하기	

이런 언어습관들도 관계 맺기에 걸림돌이죠. — 일상적인 생활 편			
경고하기		비판하기	
논리적 설득		욕하기	
동정하기		충고하기	
명령하기		칭찬하기	
분석하기		캐묻기	
빈정대기		훈계하기	

관계 맺기에 대한 점검 3

□ 이런 언어습관들도 관계 맺기에 걸림돌이에요. ─ 학교생활 편

협박	훈계
조롱	경멸
모욕	강요
저주	위협
비교	심리분석

내가 자주 쓰는 언어습관들이 있을까?

학교에서나 집에서 종종 일어나는 상황을 설정해 봅시다. 그리고 내가 그때 의식적, 무의식적으로 쏟아 내었던 언어습관들에 어떤 것들이 있는지 생각해 보고 작성해 봅시다.

	상 황	언 어 습 관

관계점검활용 프로그램

번호	종류	그림	5점 척도	생각해 봐요.
1	회유		5 4 3 2 1	관계를 해치는 행동에 대한 나의 점수는 몇 점인가요?
2	비난		5 4 3 2 1	나의 점수가 친구 관계에 미치는 영향은 어떠할까요?
3	비판		5 4 3 2 1	
4	위협		5 4 3 2 1	
5	명령		5 4 3 2 1	앞으로의 나의 관계 맺기는 어떻게 되어야 할까요?
6	욕하기		5 4 3 2 1	
7	무시		5 4 3 2 1	
8	경멸		5 4 3 2 1	
9	모욕		5 4 3 2 1	
10	저주		5 4 3 2 1	
11	조롱		5 4 3 2 1	
	총 점			

2. 합리적인 사고로 긍정성 배우기

　삶 속에서 우리를 힘들게 하는 것들 중에는 왜곡된 사고 또는 비합리적인 사고가 있다. 어떠한 상황이 닥쳤을 때 현실을 직시하고, 미래에 대한 비전을 세우며 긍정적인 사고로써 어려움을 극복하는 사람도 있지만 힘든 상황을 받아들이기를 거부하며 현실을 더 힘들게 할 수 있는 비합리적인 사고나 부정적인 사고로 고통의 날들을 보내는 사람들도 있다. 비합리적인 사고에는 어떤 것들이 있는지 살펴보고, 자신은 삶에서 어떤 것들을 사용하고 있는지 체크해 보자. 그리고 그러한 비합리적인 사고를 대신할 수 있는 합리적인 사고를 연습해 봄으로써 대처능력을 향상시킬 수 있다.

나를 어렵게 하는 비합리적인 신념들	
이분법적 사고	어떤 사고를 할 때, 이것 아니면 저것이라는 극단적인 판단을 하며 그 중간적인 것을 허용하지 않으려는 경향이다.
개인화	관련지을 만한 근거가 없는데도 외적 상황들을 자기 자신과 관련지어 모든 것들을 다 자신의 책임으로 돌려 스스로 죄책감을 느끼거나 힘들어하게 되는 경향이다.
극대화/극소화	어떤 경우나 상황을 실제 가치보다 더 크게 또는 더 작게 지각하는 것으로 보통 자신의 장점은 극소화하고, 자신의 단점은 극대화하여 스스로를 힘들게 하게 된다.
과잉반화	어떤 하나의 사건이나 상황으로 만들어진 극단적인 신념을 유사하지도 않은 다른 상황에까지 부적절하게 적용하는 것으로 한 남자에게 버림받은 여자가 모든 남자를 거부하게 되는 것을 예로 들 수 있다.

 한눈에 쏙 들어오는 쉽고 재미있는 상담교실

<table>
<tr><td colspan="2">나를 어렵게 하는 비합리적인 신념들</td></tr>
<tr><td>극단적 사고</td><td>흑백논리로 생각하거나 해석하고, 경험을 어느 한 극단으로 범주화하는 것으로 보통 언어 속에 '절대로', '결코', '항상', '죽어도', '한 번도' 등의 단어를 사용하게 된다.</td></tr>
</table>

합리적, 정서적, 행동적 상담(REBT)에서는 개인의 신념 체계는 합리적 신념과 비합리적 신념으로 구성되어 있으며, 이 중에서 비합리적 신념이 정서 장애의 주요 원인이 되며 자기 스스로를 힘들게 만드는 것이라고 한다. 따라서 비합리적인 신념에 대한 적절한 논박을 통하여 합리적 신념으로 대체할 수 있는 힘과 삶의 자세를 내담자에게 가르쳐 주는 것이 필요하다. 인간은 합리적인 신념을 가질 수도 있고, 비합리적인 신념을 가질 수도 있다. 합리적 신념은 자신의 삶을 행복하게 만들며, 다른 사람과 원만한 관계를 가능하게 하며, 서로 사랑할 수 있게 해 주고, 스스로를 성장시켜 자아실현을 가능하게 하는 반면, 비합리적 신념은 스스로를 파괴하고, 자신의 능력을 믿지 못하게 하며, 실수를 하게 하고, 부정적이며, 자신의 성장가능성을 피하게 하는 경향이 있다. 따라서 Albert Ellis는 모든 부적응 행동의 근원은 바로 이 비합리적 신념에 있다고 밝히고 있다. 따라서 이러한 비합리적 신념에 논박을 함으로써 합리적 신념으로 전환하여 합리적 결과에 도달할 수 있도록 하는 과정을 'ABCDE' 이론이라 하여 다음과 같이 설명하고 있다.

- ✪ A – 정서적 혼란을 일으키는 활동(Activity), 행동(action), 사건(agent)
- ✪ B – 개인이 A를 보는 관점 또는 A를 일으키는 배경이 되는 신념(Belief)
- ✪ C – (consequence)는 B에 대한 정서적, 인지적, 행동적 결과 또는 반응으로 합리적 신념 – 합리적 결과(rC), 비합리적 신념 – 비합리적 결과(irC)를 초래
- ✪ D – (dispute)는 상담에서 비합리적 신념을 합리적 신념으로 바꾸기 위하여 논쟁 또는 논의를 하거나 상담을 하는 과정
- ✪ E – (effect)는 비합리적 신념이 논의를 통한 인지적 효과, 행동적 효과, 정서적 효과

⇒ 영희가 남자친구와 헤어지고 난 후(A) 자신에게 절대로 일어나서는 안 되는 일이라고 생각하여(irB), 의욕을 상실한 채 우울하게 지낼 수도 있고(irC), 살다 보면 있을 수도 있는 일이라고 생각하여(rB), 행복한 삶을 위해 무엇인가를 배우며 바쁘게 살아갈 수도 있다(rC). 영희는 상담선생님과 상의하여(D) '절대로 일어나서는 안 되는 일이다.'는 것은 비합리적인 생각이고, '살다 보면 있을 수도 있는 일이다.'는 것이 합리적 생각이라는 것을 깨닫고 합리적 생각으로 바꾸면(cE), 무기력이나 좌절감이 덜 생기고(eE) 다른 일을 찾아 더 열심히 노력하게 된다(bE).

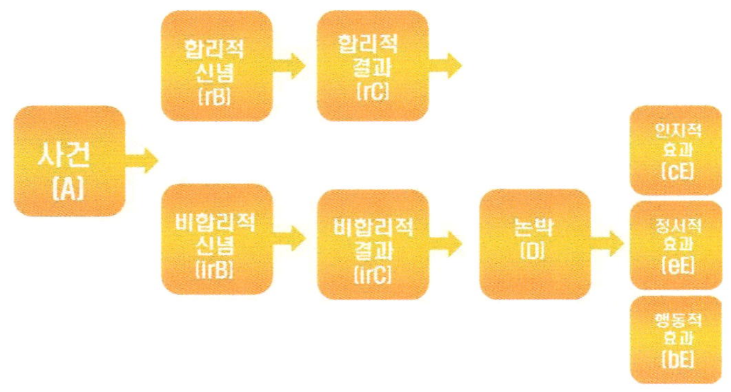

 한 눈에 쏙 들어오는 쉽고 재미있는 상담교실

ABCDE 이론 적용으로 합리적 결론을 내 보자

3. 시간의 구조화로 관계성 배우기

인간이 행동을 하게 되는 동기를 교류분석에서는 세 가지 욕구로 설명하고 있다. 자극의 욕구, 구조의 욕구, 자세의 욕구가 그것인데 자극의 욕구는 사람들에게 '사랑해'와 같은 언어적인 인정자극과 포옹, 머리 쓰다듬기 등 신체적 인정자극을 받고자 하는 욕구이다.

이러한 자극의 욕구가 채워지지 못했을 경우 이 욕구를 충족시키기 위해 여러 가지 사회적 상황을 만들어 시간을 구조화하게 되는데 이것이 구조의 욕구이며 도피, 의례, 소일, 활동, 친밀, 게임 등이 포함된다. 마지막으로 자세의 욕구는 자신의 삶을 유지하고자 확고하게 결정한 무엇인가를 가지고 있으려는 욕구를 말한다. 여기서는 인정자극의 욕구를 충족하기 위해 시간을 구조화하는 것에 대해 알아보고, 스스로 시간을 구조화해 봄으로써 자신의 하루를 생각해 보기로 한다.

1) 시간의 구조화

유형	그림으로 보기	내용
도피		• 타인으로부터 인정자극을 포기하고 자기에의 껍질 속으로 숨어 타인과의 관계를 회피한다.
의례		• 고도로 사회적, 문화적으로 인정되는 시간구조로서 예배, 의식, 인사 등을 통해 시간을 구조화하는 것이 해당된다. • 인습적이고 피상적이다. • "안녕하세요?"와 같은 인사 교환이 대표적이다.
소일		• 아이들의 놀이 활동과 같이 특별한 목적 없이 타인과 함께 시간을 보내는 경우이다.

유형	그림으로 보기	내용
활동		▪ 어떤 뚜렷한 목표 활동을 통하여 서로 인정 자극을 주고받는 형태이다. ▪ 동료와 함께 일을 하면서 교류하는 형태가 여기에 해당
친밀		▪ 자아 방어가 필요 없는 수용적 사랑에 근거하여 인정 자극을 교환하는 것으로서 솔직하고 감정의 자유스런 표현과 상호 작용이 가능하여 신뢰가 있는 인간관계를 맺을 수 있다.
게임		▪ 표면적으로 나타나는 행동과 다른 숨은 의도를 가지고 인정 자극을 교환하는 것을 말한다. ▪ 이것은 신뢰와 애정이 뒷받침된 진실한 교류가 아니다. ▪ 자신의 부정적 인생 태도 때문에 대인관계에서 친밀감을 형성하기 어려운 사람들이 흔히 취하는 시간구조이다.

2) 시간의 구조화 비율

시간의 구조화는 다음과 같이 다이아몬드형의 비율로 나타나는 것이 바람직하다. 즉 생산적인 활동과 수용적 사랑에 근거한 친밀이 가장 많아야 하며, 의례와 잡담이 폐쇄와 게임보다 많은 것이 바람직하다. 나는 하루에 어떤 시간의 구조화를 많이 쓰고 있으며, 그것이 어떤 상황에서 어떻게 쓰이고 있는지에 대한 탐색이 필요하다. 친밀과 활동을 통한 자신과 타인과의 관계적인 신뢰감을 키울 수 있는 노력이 필요하다.

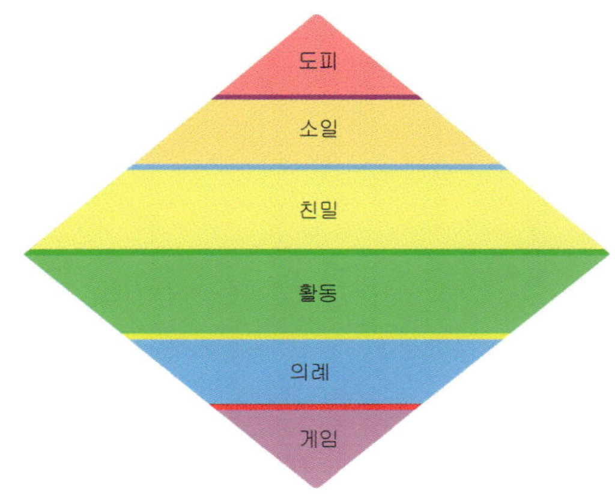

 **나의 시간의 구조화 탐색**

나의 시간의 구조화 그려보기

최근 사용했던 나의 상황 보기

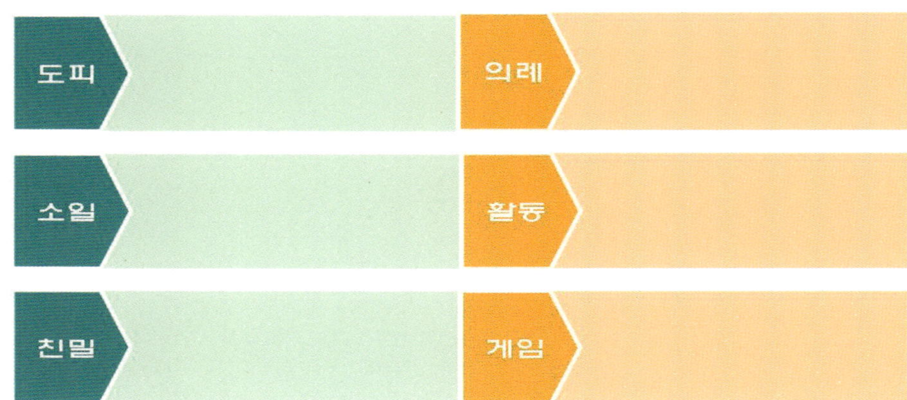

부 록

현실요법을 활용한 프로그램 소개
-WDEP를 중심으로-

회기별 프로그램 구성				
영역	회기	시간	활동 제목	활동 내용
나의 탐색	총 3회기	각 50분	내가 궁금하니?	자신에 대한 탐색 시간을 통해 타인에게 나를 알리며 서로 친숙해지는 시간을 갖는다.
			선택은 내 몫이야	간단한 체험활동을 통해 선택에 대한 결정권이 자신에게 있음을 경험한다.
			나 지금 어디 있니?	현재 자신의 위치와 나아갈 위치를 점검해 본다.
나의 욕구 탐색	총 2회기	각 50분	내 욕구를 꾸며 봐	행동의 동기가 되는 다섯 가지 욕구를 알게 되고 자신의 욕구를 확인한다.
			내 욕구를 자랑해 봐	소원을 통해 자신의 욕구를 다시 한 번 확인하고 욕구가 충족되었을 때의 상황을 천사점토를 통해 표현해 본다.
좋은 세계 탐색	총 3회기	각 50분	우리 함께 행복해	좋은 세계에 대한 탐색으로 나와 타인의 욕구가 함께 충족될 수 있는 방법을 생각해 본다.
			내 생애 최악과 최고의 말	관계에 도움되는 말과 방해되는 말을 탐색한 뒤 경험해 보고, 내 생애 최악과 최고의 말을 기억해 본다.
			좋은 세계 속 감정 엿보기	갈등 관계에 있는 사람과 연결된 긍정의 감정을 찾고 상황을 탐색해 본다.
전 행동 탐색	총 3회기	각 50분	나! 합리적인 사람이야	지금껏 가져왔던 비합리적인 신념을 합리적인 신념으로 바꾸는 노력을 한다.
			내 생활은 어때?	시간의 구조화에 대해 알아보고, 나의 시간의 구조화를 탐색해 본다.
			행동으로 생각을 바꾸자	전 행동을 이해하게 되고, 간단한 활동을 통해 활동하기의 중요성을 안다.
WDEP 탐색	총 2회기	각 50분	WDEP는 갈등해결사	WDEP를 적용하여 내 갈등의 실마리를 찾고, 새로운 계획을 세워 본다.
			너무 멋진 나의 계획	'SAMIC3'를 적용하여 실천가능한 구체적이고, 현실적인 계획을 세워 본다.
마지막 탐색	총 2회기	각 50분	꿈같은 나의 현실	성공한 자신을 상상하며 꼭 일어나기를 희망하는 사건을 일기로 써 보고, 나의 비전으로 삼는다.
			나의 나침반	내 삶의 방향이 될 수 있는 긍정의 힘을 받는다.

☆ 현실요법에 대한 이론적 배경

비행소녀들의 치료기관인 캘리포니아 벤추라 여학교에 근무하면서 자신의 이론과 개념들을 발전시킨 William Glasser는 상담전략인 현실요법을 창시하였다. 그는 인간의 모든 행동은 기본적인 욕구를 충족시키기 위해서 선택하는 것이고, 스스로 자신의 삶의 주인이 되어 삶을 통제할 수 있을 때, 가장 행복하다고 말하고 있다. 또한 현실요법은 욕구 충족을 위한 책임(Responsibility) 있는 선택과 현실 파악 능력(Reality), 그리고 옳고 그름을 파악할 수 있는 도덕적 판단 능력(Right or Wrong)의 3R을 중시하는 이론이다.

1. 행동의 동기로서의 다섯 가지 기본 욕구

모든 행동의 동기가 되는 기본적인 욕구로, Glasser는 다섯 가지를 말하고 있다. 이성에 대해 관심을 갖거나, 건강에 대해 지나치게 염려를 하는 등 삶에 대한 욕구이면서 또한 생식을 통해 자기를 확장하려는 속성을 지닌 욕구가 **생존의 욕구**이다. 동아리나 어떤 모임 같은 것을 선호하며, 또래집단을 형성하는 등 어딘가에 소속되고, 다른 사람과의 관계를 유지하면서 사랑을 주고받고자 하는 속성을 지닌 욕구가 **사랑과 소속의 욕구**이다. **즐거움의 욕구**는 흥미나 기쁨, 학습이나 웃음 등과 관련 있는 욕구이며, 배우고 즐기고자 하는 속성을 지닌 욕구이다. 그리고 **힘의 욕구**는 사회적 지위를 중시하고, 나를 드러내고자 하며, 경쟁하고 성취하여 다른 사람들로부터 인정받고, 또 중요한 존재이고 싶어 하는 속성을 지닌 욕구이며, 마지막으로 원하는 곳에 가고, 의사를 자유롭게 표현하고, 여행하며, 이동하고 선택하는 것에 대해 자유롭고자 하는 속성을 지닌 욕구가 **자유의 욕구**이다. 이 욕구와 관련한 활동을 통해 무기력을 비롯한 다양한 형태의 학교부적응 학생들은 그동안 알지도 못하고, 알고자 하지도 않았던 자신의 진정한 욕구가 무엇인지 탐색할 수 있으며, 그동안 무기력한 행동들을 비롯한 여러 가지 부적응 행동을 통해 어떤 욕구가 충족되고 있었는지 탐색할 수 있다. 모든 행동, 심지어 무기력한 행동과 부적응적인 행동마저도 다섯 가지 욕구 중 하나 또는 그 이상을 충족시키기 위해 취해지는 스스로가 선택한 결과임을 알 수 있다.

2. 현실세계, 지각된 세계, 질적인 세계

감각을 통해 인식된 현실세계에 대한 정보는 지각체계와 가치 여과기를 거치면서 자신이 원하고 바라는 최상의 그림들을 질적 세계(Quality World)에 저장하게 된다. 자신이 경험하게 되는 현실이 질적 세계에 저장되어 있는 그림들과 괴리가 클 때, 갈등상황이 연출되기도 한다. 즉 자신의 욕구를 올바르게 채워 나가는 방법에 대한 그림들이 질적 세계에 많다면 즐거움을 느끼며, 만족된 삶을 살아갈 수 있는 힘이 되지만, 자신의 욕구를 채워 나가는 방법에 대한 그림들이 없어 계속적인 좌절을 맛보고, 실패를 경험하게 된다면, 고통을 당하고 힘든 삶을 살아가게 될 것이다. 따라서 학생들의 질적 세계에 삶을 살아가는 데 힘을 얻을 수 있는 많은 자원의 그림들을 저장할 수 있도록 질적인 경험을 제공해 주어야 한다. 여러 가지 프로그램과 활동을 통해 자신들이 간과하고 있었던 질적 세계의 좋은 그림들을 꺼내 볼 수 있는 기회가 마련되어야 한다. 결국 질적 세계에 자리하고 있는 자신들만의 독특하고 고유한 그림들은 욕구를 충족시켜 나가는 훌륭한 자원이 될 것이며, 자신의 삶을 스스로 통제해 나갈 수 있도록 이끌어 주는 힘이 될 것이다. 즉 그러한 그림들은 자신들이 찾은 욕구를 채워 나가는 방법이 될 수 있으며 또는 모든 욕구가 채워졌을 때, 올 수 있는 바람들이기도 하다. 이와 관련된 활동을 통해 학생들은 자신의 욕구 충족은 타인의 욕구 충족을 방해하지 않는 범위에서 이루어져야 함을 알게 될 것이며, 지금까지 누군가와 갈등이 있었다면 이는 어느 한 사람의 욕구만 채우려 했기 때문이라는 것을 탐색할 수 있다.

3. 행동 변화에 초점을 둔 전 행동

현실요법에서는 전 행동을 자동차에 비유하여 설명하고 있다. 자동차의 엔진에 해당되는 것은 인간의 욕구이고, 바람(want)은 자동차의 방향을 원하는 곳으로 가게 하는 핸들에 해당된다. 앞바퀴 두 개는 각각 활동하기와 생각하기에 해당되고, 느끼기와 생리반응이 뒷바퀴에 해당된다. 앞바퀴 두 개의 힘으로 뒷바퀴는 자동으로 이끌려 움직이는 이륜자동차처럼 느끼기와 생리반응은 인간의 생각하기와 활동하기에 의해 통제되고 변화될 수 있다. 즉 인간은 느끼기와 생리반응에 대해서 거의 통제력을 가지고 있지 못하며, 생각하기에 대해서는 얼마간의 통제력을, 활동하기에 대해서는 거의 완전한 통제력을 가지고 있다는 것이다. 따라서 느끼기, 생리반응, 생각하기의 세 바퀴 방향을 조절할 수 있는 활동하기에 대한 변화가 필요하며 중요하다는 것이다. 적극적이고, 자발적인 활동에 대한 많은 경험으로 자신들의 삶을 지배하고 있는 느낌, 생각, 생리반응을 변화시킬 수 있을 것이다. 학생들은 이와 관련된 활동을 통해 자신들이 경험하는 부정적인 심리적 상태, 즉 우울, 불안, 무기력감 등 느끼기와 생리적 반응, 생각하기는 스스로의 힘으로 통제하기가 어렵거나 불가능하다는 것을 체험하게 될 것이며, 활동하기를 통해 느끼기, 생리적 반응, 생각하기는 변화될 수 있다는 것을 알게 될 것이다. 따라서 자신들의 욕구를 탐색하고, 그 욕구를 충족시킬 수 있는 방법을 찾았다 해도 그것이 생각으로만 머물러 있으면 소용이 없고, 행동으로 실천해야 한다는 것을 배우게 될 것이다.

4. 새롭게 일어서는 WDEP

Wubbolding(1988)은 상담절차 요소의 중요한 핵심으로 WDEP를 들고 있다. 이것은 자신의 욕구에 대한 탐색과 이를 충족시키기 위한 자신의 행동 및 그 효과에 대한 평가를 통해 더 나은 행동을 계획할 수 있도록 하는 과정이다(이상숙, 2003).

현실변화를 위한 상담과정으로 WDEP는 지금, 현재 자신이 진정으로 원하는 것이 무엇인지 탐색하는 **욕구탐색(W) 단계**와 원하는 것을 얻기 위해 지금 무엇을 행하고 있는지 탐색하는 **행동탐색(D) 단계**, 그리고 지금의 그러한 행동들이 자신의 욕구를 채워 나가는 데 도움이 되고 있는지, 또 원하고 있는 것이 현실적으로 가능한 것인지 평가해 보게 하는 **평가(E) 단계**, 마지막으로 삶의 변화를 위한 계획을 수립하도록 하는 **계획(P) 단계**로 이루어져 있다. 행동탐색 단계에서는 학생들이 경험하고 있는 느낌이나 생각이 아닌 행동에 초점을 맞춰 탐색하는 것이 중요하다. 평가 단계에서의 중요한 점은 학생들이 자기 평가를 할 때 원하는 것을 채워 나가는 자신의 방법이 도덕적인지, 다른 사람의 욕구 충족을 방해하는 것은 아닌지 함께 탐색하게 해야 한다. 마지막으로 계획 단계에서는 실패 경험을 많이 했던 학생들이 또다시 좌절을 경험하지 않도록 실현가능하고 구체적인 계획을 세부적으로 수립할 수 있도록 지도해야 한다. 타인과 함께 갈 수 있는 바람직한 욕구 충족 방법을 배움으로써 모든 행동의 선택은 자신이 하며, 그 책임 또한 자신에게 있다는 것을 터득하고, 동시에 원만한 인간관계의 형성이 가능하도록 지도해야 한다. 그렇게 될 때 결국 현실요법활용 상담프로그램 훈련과정에서 자신의 질적 세계에 있는 그림과 현실과의 거리는 많이 좁혀질 것이며, 이것은 무기력과 여러 가지 부적응적인 행동을 통한 갈등상황으로부터 벗어날 수 있는 힘이 될 것이다.

행복과 불행, 만족과 불만족, 자신감, 우울 등의 정서는 자신 스스로가 선택하는 것이다. 나는 오늘 과연 어떤 이름의 사과나무를 선택할 것인가?

✦ **목표:** 사소한 행동에 대한 선택도 스스로가 하는 것이며, 따라서 그 행동에 대한 책임도 자신에게 있음을 알게 한다.

✦ **준비물:** 활동지, 필기도구, 종이컵, 스티커, 가위, 칼, A4용지, 색종이 등

✦ 나의 탐색시간은 총 3회기로(시간이 가능할 경우 1회기 활동으로 묶어서 진행할 수도 있다) '내가 궁금하니?', '선택은 내 몫이야.' '나 지금 어디 있니?'로 구성되어 있다. 집단회기에 대한 간단한 소개와 함께 집단원들의 자기소개 그리고 앞으로 집단이 끝날 때까지 하는 모든 행동은 본인 스스로가 선택하고, 책임지는 것임을 알게 되는 시간이다.

✦ **'내가 궁금하니?'**

집단프로그램에 대한 간단한 소개 뒤, '활동하기 1'을 작성하도록 하고 발표한다. '없음', '모름', '그저 그럼'의 답을 지양하게 한다.

✦ **'선택은 내 몫이야.'**

종이컵 또는 A4용지와 스티커, 색종이 등 다양한 문구류를 나누어 주고 만들기를 하도록 한다. 그런 다음 작품을 간단하게 소개하도록 한 뒤, 왜 만들었는지 질문한다. 시켜서 만들었다는 답이 나오면 수행하기 어려운 과제를 다시 내서 시켜서 한 것 같지만 결국 선택은 스스로가 한 것임을 알게 한다. 따라서 앞으로 하게 되는 모든 집단행동에 대한 선택과 책임도 본인의 몫임을 알게 한다.

✦ **'나 지금 어디 있니?'**

현재 가정, 학교 또는 일상생활 속에서 자신의 위치를 확인해 봄으로써 자신의 상황을 파악해 보고, 또 어느 위치로 가고 싶은지, 그 이유는 무엇인지를 탐색해 보게 하여 현재 상태에서의 학생들의 욕구를 확인해 볼 수 있다. 자신이 원하는 위치에 원하는 모습을 그려 넣게 할 수도 있다.

첫 회기로서 진행자가 알고 있는 간단한 게임으로 흥미를 유발시키며 시작하는 것도 좋다. 만들기를 할 때는 주제 없이 원하는 것을 만들게 해도 좋고, '자신의 미래 꿈' 또는 '나를 행복하게 만드는 것' 등 주제를 부여하고 활동하도록 하는 것도 좋다. '신호등'이 빨간불일 때 건널 것인지의 문제를 두고 '앞에 경찰이 있다', '어머니가 임종을 기다리고 있다' 등 상황을 설정하여 선택의지가 본인에게 있음을 알게 할 수도 있다.

내가 궁금하니? (여학생용)

내 이름
미래 꿈
가장 행복할 때
가장 슬플때
내 취미
나의 성격적 특징
제일 아끼는 물건
버리고 싶은 것
좋아하는 사람
싫어하는 사람
최근 나의 관심사

활동하기
1

내가 궁금하니? (남학생용)

내 이름
미래 꿈
가장
행복할 때
내 취미
나의 성격적
특징
가장 슬플때
제일 아끼는
물건
버리고 싶은 거
좋아하는 사람
최근
나의 관심사
싫어하는 사람

선택은 내 몫이야

1) 내가 만든 작품을 올려놓고 무엇을 만들었는지, 왜 그것을 만들었는지 발표
   합니다. 발표하면서 내가 무엇을 원하고 있는지 함께 탐색해 봅니다.

2) 다음과 같은 상황이 일어났을 때, 나는 어떻게 행동할 것인지 탐색해 봅
   시다.

새벽 2시 횡단보도를 건너려는데 신호등이 빨간불이네요. 차는 한 대도 다니지 않고, 보는 사람마저
아무도 없어요. 지치고 힘들어 어서 집에 가서 쉬고 싶은 마음뿐이죠. 자! 나는 이럴 때 어떻게
할까요? 눈 질끈 감고 건널까요?

Yes   No

막 건너려고 하는데, 경찰이 걸어오고 있는   신호를 기다리고 있는데 전화가 왔어요.
것을 봤어요. 그러면 나는? 건널까요?   병원에 계신 엄마가 많이 위독해서 빨리
                                        와야겠다고. 그러면 나는 건널까요?

Yes   No   Yes   No

이유탐색   이유탐색   이유탐색   이유탐색

 한눈에 쏙 들어오는 쉽고 재미있는 상담교실

나 지금 어디 있니?

나는 지금 어디에 있나요?	나는 미래에 어디에 있을까요?
(　　　)번 위치	(　　　)번 위치

- ✦ **목표:** 행동의 동기가 되는 우리들의 다섯 가지 기본 욕구를 알고, 자신의 욕구를 표현해 보게 한다.
- ✦ **준비물:** 활동지, 필기도구, 천사점토, 물감, 잡지, 풀, 가위, 색종이
- ✦ 나의 욕구 탐색시간은 총 2회기로(시간이 가능할 경우 1회기 활동으로 묶어서 진행할 수도 있다) '내 욕구를 꾸며 봐', '내 욕구를 자랑해 봐'로 구성되어 있다. 다섯 가지 기본 욕구와 그 욕구를 채우는 방법을 알아보고, 바람직한 방법으로 충족된 자신의 욕구를 표현해 보는 시간이다.

✦ '내 욕구를 꾸며 봐'

글래써가 말한 행동의 원인이 되는 인간의 다섯 가지 기본 욕구를 알게 하고, 그 욕구들을 채우는 자신의 방법과 다른 사람들은 그 욕구를 어떻게 채우는지 탐색해 보게 한다. 욕구에 대한 설명은 진행자가 융통성 있게 여러 가지 매체를 활용하여 설명할 수 있다. 욕구 설명이 가능한 애니메이션, 동화, 그림 등을 이용하면 효과적이다. 'TV에 내가 나왔으면……'이라는 동요를 이용해 뒤 문장을 만들어 보게 한 다음 어떤 욕구와 관련된 것인지 발표해 볼 수 있다.

활동지 '내 욕구를 꾸며 봐'를 할 때는 글로 표현해도 좋고, 잡지에서 해당되는 그림을 찾아 붙이게 하는 것도 좋다.

✦ '내 욕구를 자랑해 봐'

천사점토를 이용해 자신의 욕구가 다 충족된 상태 또는 자신의 욕구를 채워 줄 수 있는 물건, 사람 등을 만들어 보게 한다. 물감을 이용해 점토에 색깔을 넣을 수도 있다. 지금 현재 욕구를 표현해 보게 해도 좋다. 주제는 어떤 것으로 해도 좋으나 학생들에게는 교사가 하나의 주제를 제시해 주는 것이 혼란을 막을 수 있어 바람직하다. 작품 발표를 한 다음 가능하면 사진을 찍어 준다.

개그맨들의 커리커쳐를 이용해 즐거움의 욕구를 설명해 볼 수 있고, 영화 '쿵푸팬더'를 동영상으로 편집하여 힘의 욕구를 설명하고, 평화롭고 자유로운 그림을 이용해(푸른 바다 위 기러기가 한 마리 날아가는 그림) 자유의 욕구를 설명하는 등 다양한 방법으로 설명해 볼 수 있다. 동화 '우리 엄마 못 보았어요?'는 사랑과 소속의 욕구를 설명하기에 좋은 내용이다. 작품 발표 후 각자의 작품을 전시해 놓는 것도 좋다.

우리의 행동 동기가 되는 욕구 이야기

하나 '생존의 욕구'가 있어요.

살고자 하는 삶에 대한 애착을 나타내는 욕구이며, 생식을 통한 자기 확장을 하려는 속성을 지니고 있어요. 이성에 대한 관심을 가지거나, 건강에 대해 지나치게 염려를 한다거나, 자신의 외모에 대해 신경을 쓰며 꾸민다거나, 돈에 대한 관심이 남다르며, 생활 속에서 절약하며 검소한 삶을 추구하는 것 등은 생존의 욕구와 관련된답니다.

둘 '사랑과 소속의 욕구'가 있어요.

우리가 사회적 동물로서 어딘가에 소속되고, 다른 사람과의 관계를 유지하면서 사랑을 주고받고자 하는 속성을 의미하죠. 친구를 사귀고자 하고, 동아리나 어떤 모임 같은 것을 선호하며, 또래집단을 형성하여 거기에 속하고자 하고, 결혼을 통해 가족을 구성하려고 하는 것 등은 이 욕구와 관련되죠.

셋 '즐거움의 욕구'가 있어요.

배우고 즐기고자 하는 속성을 의미하며, 흥미나 기쁨, 학습이나 웃음 등과 관련된 욕구지요. 암벽 타기나 자동차 경주, 또 유머를 사용하는 것, 놀이와 게임 등은 이 욕구와 관련되어 있어요.

넷 '힘의 욕구'가 있어요.

경쟁하고, 성취하고, 중요한 존재이고 싶어 하는 속성을 의미하는 욕구
죠. 사회적 지위를 중시하고, 나를 드러내기 위한 멋 부리기, 돈 많이 벌
기, 중요한 사람으로서 대접받기, 고급스런 물건 선호, 전문가 되기 등은
모두 이 욕구와 관련되어 있어요.

다섯 '자유의 욕구'가 있어요.

이동하고, 선택하는 것에 대해 자유롭고자 하는 속성을 의미하죠. 원하는
곳에 가기, 의사표현하기, 종교 활동, 여행 등이 이 욕구와 관련되어 있
어요.

살고자 하는 삶에 대한 애착을 나타내는 욕구이며, 생식을 통한 자기 확장을 하려는 속성을 지니고 있어요. 이성에 대한 관심을 가지거나, 건강에 대해 지나치게 염려를 한다거나, 자신의 외모에 대해 신경을 쓰며 꾸민다거나, 돈에 대한 관심이 남다르며, 생활 속에서 절약하며 검소한 삶을 추구하는 것 등은 생존의 욕구와 관련된답니다.

내가 이 욕구를 채우는 방법	이 욕구를 채우는 또 다른 방법

이동하고 선택하는 것에 대해 자유롭고자 하는 속성을 의미하죠. 원하는 곳에 가기, 의사표현하기, 종교 활동, 여행 등이 이 욕구와 관련되어 있어요.

내가 이 욕구를 채우는 방법	이 욕구를 채우는 또 다른 방법

배우고 즐기고자 하는 속성을 의미하며 흥미나 기쁨, 학습
이나 웃음 등과 관련된 욕구지요. 암벽 타기나 자동차 경
주, 또 유머를 사용하는 것, 놀이와 게임 등은 이 욕구와
관련되어 있어요.

내가 이 욕구를 채우는 방법	이 욕구를 채우는 또 다른 방법

경쟁하고, 성취하고, 중요한 존재이고 싶어 하는 속성을 의미
하는 욕구죠. 사회적 지위를 중시하고, 나를 드러내기 위한 멋
부리기, 돈 많이 벌기, 중요한 사람으로서 대접받기, 고급스런
물건 선호, 전문가 되기 등은 모두 이 욕구와 관련되어 있어요.

내가 이 욕구를 채우는 방법	이 욕구를 채우는 또 다른 방법

우리가 사회적 동물로서 어딘가에 소속되고, 다른 사람과의 관계를 유지하면서 사랑을 주고받고자 하는 속성을 의미하죠. 친구를 사귀고자 하고, 동아리나 어떤 모임 같은 것을 선호하며, 또래집단을 형성하여 거기에 속하고자 하고, 결혼을 통해 가족을 구성하려고 하는 것 등은 이 욕구와 관련되죠.

그림 출처: 충남학교상담연구회 로그 사용

내가 이 욕구를 채우는 방법	이 욕구를 채우는 또 다른 방법

내 욕구를 자랑해 봐

내가 만든 작품을 올려놓고, 무엇을 만들었는지, 왜 그것을 만들었는지 발표합니다. 발표하면서 내가 무엇을 원하고 있는지 함께 탐색해 봅니다.

나의 작품 세계

◆ **목표:** 욕구를 충족시킬 수 있는 긍정적인 자원을 찾고, 나와 타인의 욕구는 함께 충족되어야 함을 알게 한다.
◆ **준비물:** 활동지, 필기도구, 잡지, 풀, 가위, 색종이, 각종 스티커, 사인펜, 색연필 등
◆ 좋은 세계 탐색시간은 총 3회기로 '우리 함께 행복해요', '내 생애 최악과 최고의 말', '좋은 세계 속 감정 엿보기'로 구성되어 있다. 타인의 욕구 충족을 방해하지 않는 범위 내에서 나의 욕구를 채울 수 있는 긍정적인 자원을 찾아보는 시간이다.

◆ **'우리 함께 행복해요'**
나의 머릿속에 저장되어 있는 좋은 기억들을 적어 본다. 해당되는 그림을 오려서 붙이거나 그려 넣을 수도 있다. 똑같은 방법으로 나와 갈등관계에 있는 사람이 있다면 그 사람의 머릿속에 있을 것 같은 좋은 그림(바람)들을 적거나, 오려 붙여 보게 한다. 그리고 서로의 좋은 기억들이 갈등을 일으키지는 않는지 탐색해 보게 한다. 그리하여 내 욕구는 다른 사람의 욕구 충족을 방해하지 않는 범위 내에서 충족되어야 함을 알게 한다.
◆ **'내 생애 최악과 최고의 말'**
이 책 55~57페이지의 관계 점검을 학생들과 함께 나누고, 58페이지의 관계점검 프로그램을 학생들에게 실시한 후, 활동지 '내 생애 최악의 말'을 작성해 보게 한다. 그리고 발표와 역할극을 통해 자신이 작성한 대화나 상황을 직접 경험하고, 그 느낌을 나누게 한다. 활동지 '내 생애 최고의 말'도 작성하여 똑같은 방법으로 나눔을 갖는다.
◆ **'좋은 세계 속 감정 엿보기'**
감정카드를 활용하여 갈등관계에 있는 사람과 관련된 감정을 찾아본다. 부정적인 감정과 긍정적인 감정을 다 찾게 하고, 가능하면 긍정적인 감정을 더 많이 찾게 하여 그 사람과 좋았던 기억도 있었음을 알게 한 뒤 '활동지 8'에 긍정의 감정만 작성하게 하고, 발표해 보게 한다. 구체적으로 그 감정이 누구와 관련이 있는지, 어떤 상황과 연결되어 있는지 자세한 탐색이 되도록 한다.

감정카드는 제시되어 있는 것을 확대 복사하여 코팅해서 사용하거나 FAP*(Feeling And Praise)카드를 구입하여 사용할 수 있다. 해당되는 감정이 없다고 할 경우 빈 카드를 이용해 직접 원하는 감정을 적어 넣어 사용할 수 있다. 감정카드를 활용할 경우 다양한 방법으로 진행자가 융통성 있게 사용할 수 있으며 학생들의 다양한 감정을 알아내고 욕구를 탐색할 수 있다.

 우리 함께 행복해요(타인)

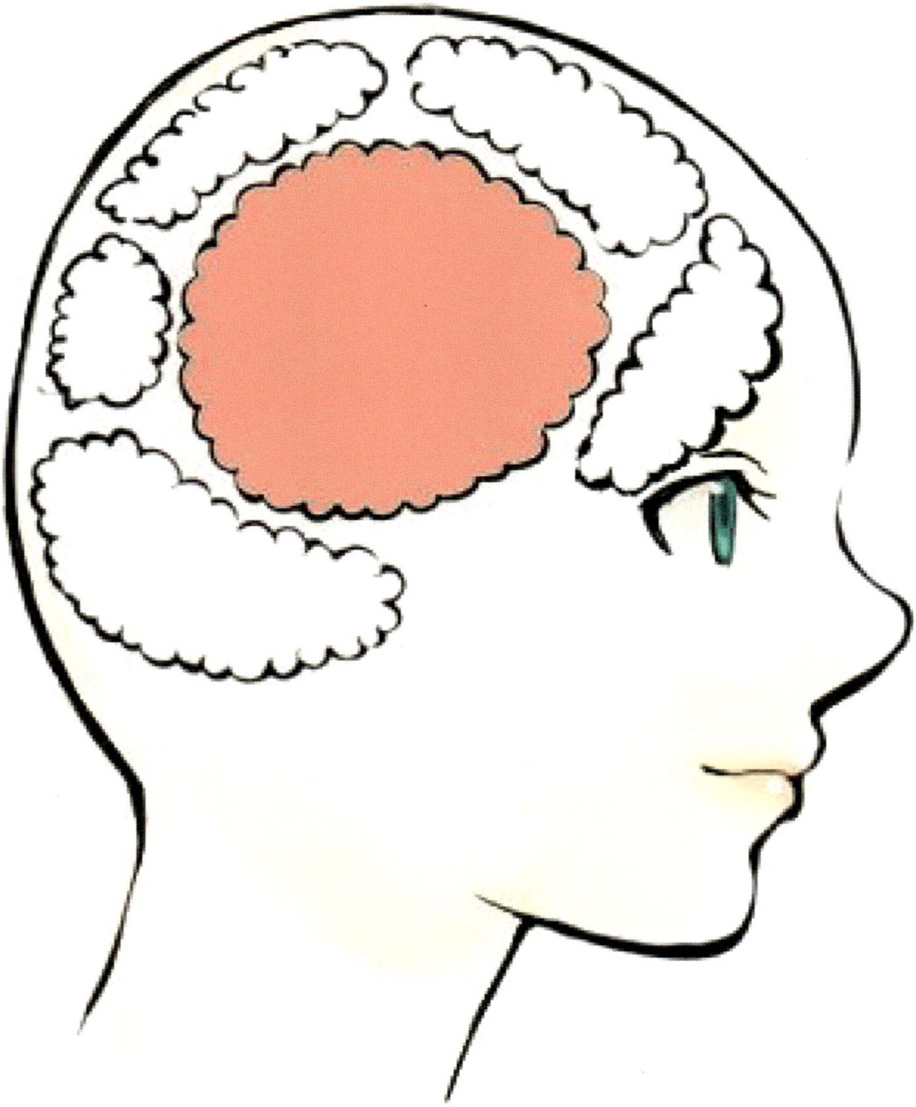

우리 함께 행복해요(나)

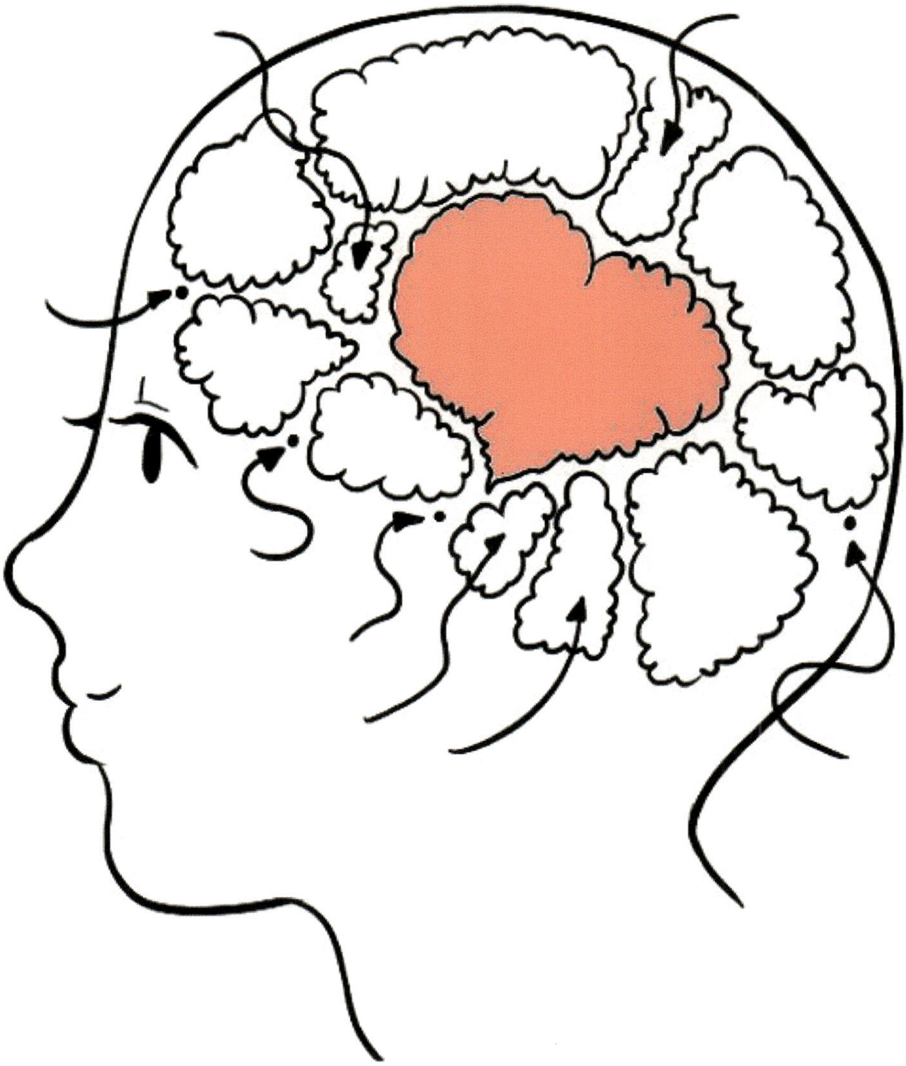

내 생애 최악의 말

학교에서나 집에서 일어났던 상황을 탐색해 봅시다. 친구, 선생님, 부모님에게서 들었던 말 중, 상처가 되었던 최악의 말에는 어떤 것들이 있는지 생각해 보고 작성해 봅시다. 내가 상대방에게 했던 말들이 있다면 함께 적어 봅시다.

	상 황	언 어 습 관

내 생애 최고의 말

학교에서나 집에서 일어났던 상황을 탐색해 봅시다. 친구, 선생님, 부모님에게서 들었던 말 중, 힘이 되었던 최고의 말에는 어떤 것들이 있었는지 작성해 봅시다. 내가 상대방에게 했던 말들이 있다면 함께 작성해 봅시다.

	상 황	언 어 습 관

좋은 세계 속 감정 엿보기

감정카드를 통해 나와 갈등관계 또는 좋은 관계에 있는 사람과 관련된 좋은 감정들을 찾아내고, 아래 모빌그림에 선택된 감정들을 적고, 상황을 연결하여 탐색해 봅시다.

나의 다양한 감정 상태들을 살짝 엿보아요

NO. 1. 웃음이 나요	NO. 2. 행복해요	NO. 3. 만족해요
NO. 4. 사랑스러워요	NO. 5. 가슴 벅차요	NO. 6. 놀라워요
NO. 7. 감동스럽군요	NO. 8. 희망이 보여요	NO. 9. 감사해요
NO. 10. 살맛나요	NO. 11. 홀가분해요	NO. 12. 활기 넘쳐요
NO. 13. 기대돼요	NO. 14. 다행이에요	NO. 15. 뿌듯해요

NO. 16. 떳떳해요	NO. 17. 편안해요	NO. 18. 통쾌해요
NO. 19. 즐거워요	NO. 20. 든든해요	NO. 21. 앗싸! 기뻐요
NO. 22. 자랑스러워요	NO. 23. 황홀해요	NO. 24. 감정이 풍부해요
NO. 25. 자부심을 느껴요	NO. 26. 보람돼요	NO. 27. 자유로워요
NO. 28. 아름다워요	NO. 29. 온화해요	NO. 30 긍정적이에요

쉽고 재미있는 상담교실

NO. 31. 호기심이 많아요
NO. 32. 평화로워요
NO. 33. 당당해요
NO. 34. 아! 슬퍼요
NO. 35. 귀찮아요
NO. 36. 외로워요
NO. 37. 죽고 싶어요
NO. 38. 울고 싶어요
NO. 39. 무서워요
NO. 40. 답답해요
NO. 41. 짜증나요
NO. 42. 화나요
NO. 43. 피곤해요
NO. 44. 분노를 느껴요
NO. 45 고통스러워요

NO. 46. 부끄러워요	NO. 47. 불쌍해요	NO. 48. 섭섭해요
NO. 49. 후회돼요	NO. 50. 죄스러워요	NO. 51. 억울해요
NO. 52. 충격이에요	NO. 53. 혼돈돼요	NO. 54. 걱정돼요
NO. 55. 속상해요	NO. 56. 우울해요	NO. 57. 따분해요
NO. 58. 빈 카드	NO. 59. 빈 카드	NO. 60 빈 카드

쉽고 재미있는 상담교실

- ✦ **목표:** 비합리적인 신념을 합리적 신념으로 바꿀 수 있으며 생각을 통제할 수 있는 행동의 중요성을 알게 한다.
- ✦ **준비물:** 활동지, 필기도구 등
- ✦ 전 행동 탐색시간은 총 3회기로(시간이 가능할 경우 1회기 활동으로 묶어서 진행할 수도 있다) '나! 합리적인 사람이야', '내 생활은 어때?', '행동으로 생각을 바꾸자'로 구성되어 있다. 생리적 반응, 느끼기, 생각하기 등이 활동하기에 의해 통제될 수 있음을 알 수 있는 시간이다.

✦ '나! 합리적인 사람이야'

평소 어떤 상황이 일어났을 때 비합리적인 생각으로 자신을 힘들게 했던 상황을 떠올려 보게 한다. 그러한 상황에서 합리적으로 생각할 수 있는 부분을 정리하여 활동지를 작성해 보도록 지도한다.

✦ '내 생활은 어때?'

여섯 가지 시간의 구조화에 대한 간단한 설명 후 각자 학교생활에서 또는 일상생활 속에서 이루어지는 자신의 시간 구조화를 만들어 보게 한다. 그리고 어떤 것이 많은 부분을 차지하는 것이 자신에게 또한 원만한 대인관계 형성에 유리한 것인지 알도록 한다(64페이지 참고).

✦ '행동으로 생각을 바꾸자'

생리적 반응, 느끼기, 생각하기, 활동하기의 짧은 체험을 하게 한다. 활동하기를 제외하고는 인위적인 노력으로 바꾸기 힘든 것임을 체험하게 한다. 또한 앞바퀴로 차 전체를 움직이는 이륜자동차와 같이 활동하기와 생각하기를 통해 생리적 반응과 느끼기를 제어하는 전 행동에 대해 설명하며 나의 욕구를 채울 수 있는 가장 빠른 방법은 생각이 아니라 행동으로 옮기는 것임을 알게 하여 자신의 변화를 위한 노력을 실천으로 보여 주도록 지도한다(69페이지 참고).

눈을 감고 경험해 보게 한다. '식은땀이 흐르도록 하라', '갑작스런 불안이 엄습한 공포를 느껴 봐라', '하얀 눈 위에서 스키를 타는 자신의 모습을 생각해 보라', '눈을 떠라'를 통해 어떤 것들이 통제가능하고 어떤 것들이 통제불가능한지 직접 경험해 보게 함으로써 전 행동의 원리를 알게 한다.

나! 합리적인 사람이야

상황 하나

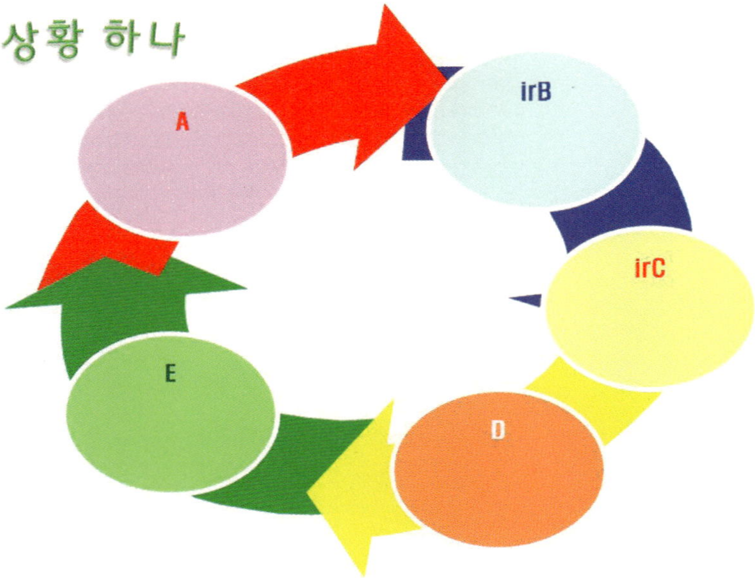

상황 둘

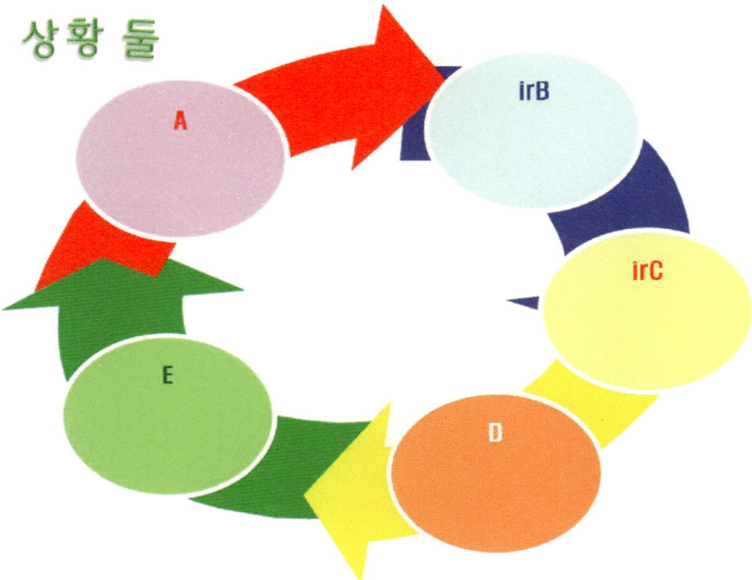

내 생활은 어때?

나의 시간의 구조화 그려보기

최근 사용했던 나의 상황보기

행동으로 생각을 바꾸자

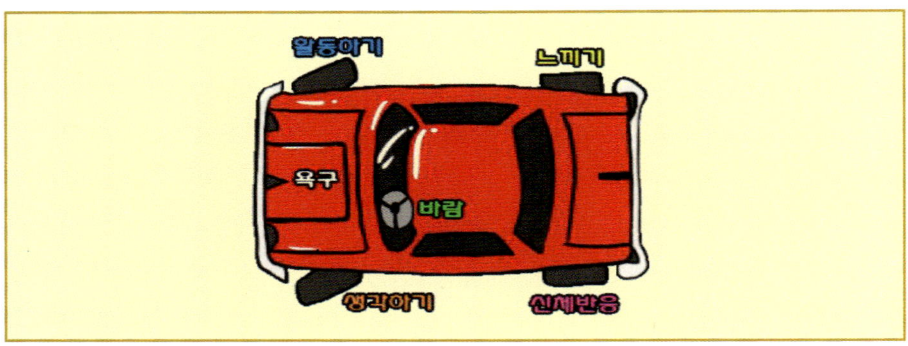

생리적 반응 경험하기

두 눈을 감고, 내 온 몸에서 식은땀이 흐르고, 열이 난다고 상상해 봅시다.

느끼기 경험하기

두 눈을 감고, 갑자기 밀려오는 공포로 주체할 수 없는 불안을 상상하며 경험해 봅시다.

생각 경험하기

두 눈을 감고, 하얀 눈 위에서 혼자 멋지게 스키를 타고 내려오는 자신의 모습을 상상해 봅시다.

활동 경험하기

손벽을 치면서 눈을 떠 봅시다.

무엇을 알았나요?

WDEP 탐색

- ✦ **목표:** 내 욕구를 찾고 행동을 돌아보며 평가해 보고 욕구 충족을 위한 계획을 수립할 수 있게 한다.
- ✦ **준비물:** 활동지, 필기도구 등
- ✦ WDEP 탐색시간은 총 2회기로(시간이 가능할 경우 1회기 활동으로 묶어서 진행할 수도 있다) 'WDEP는 갈등해결사', '너무 멋진 나의 계획'으로 구성되어 있다. 자신의 욕구를 충족할 수 있도록 SAMIC3 원리에 입각하여 현실적이고, 구체적인 계획을 세워 볼 수 있는 시간이다.

✦ **'WDEP는 갈등해결사'**

자신의 욕구가 무엇인지 구체적으로 탐색하고(W), 지금 현재 자신이 어떤 행동을 하고 있는지, 무엇을 하고 있는지 스스로에게 질문하며(D), 그 행동들이 자신의 욕구 또는 미래의 꿈을 충족시키는 데 도움이 될 만한 행동인지, 자신의 욕구충족과 꿈을 이루는 데 방해가 되고 있지는 않은지 탐색해서(E) 즉각적으로 실천할 수 있는 현실적이고 구체적인 계획(P)을 세워 보게 한다. 1회기서부터 탐색되어 왔던 자신의 욕구와 어떻게 연결되는지도 확인해 보게 한다.

✦ **'너무 멋진 나의 계획'**

WDEP에서 P 부분만 따로 떼어 자신의 미래 꿈을 이루기 위한 계획 또는 자신의 욕구를 충족시킬 수 있는 바람직한 방법에 대한 계획을 세워 볼 수 있도록 한다. 이 책 40페이지에 소개되고 있는 SAMIC3에 맞도록 실천가능한 계획을 세워 보도록 지도한다. 'WDEP는 갈등해결사' 회기 때, 스트롱 검사를 통해 미래의 직업을 탐색해 봤다면 그 직업을 갖기 위해 자신이 밟아야 하는 과정 곧 대학이나 학과 등을 전 회기 때 미리 과제로 부여하여 준비해 와서 계획을 세워 보도록 하는 것도 효과적이다. 막연하고, 현실성 없는 계획이 되지 않고 실질적인 계획을 세워 볼 수 있는 회기가 되도록 교사의 준비가 필요한 시간이다.

'WDEP는 갈등해결사' 프로그램을 실시할 경우에는 '스트롱'과 같은 진로탐색검사를 실시해 미래의 꿈에 대해 구체적으로 탐색하여 활동지를 작성해 보게 하는 것도 좋다. 스트롱 교육에 대한 사전 지식이 없는 경우 이 책(p.188) '스트롱 교실' 부분에 소개되어 있는 간이 검사를 통해 간단한 직업탐색을 할 수 있다.

WDEP는 갈등 해결사

내가 최근에 경험하고 있는 해결해야 할 문제나 고민이 무엇인지 생각해 봅시다. 그리고 그 문제나 고민을 어떻게 해결해야 하는지 현실요법에서의 W → D → E → P 에 맞게 풀어 나가 봅시다.

나의 문제	
W	
D	
E	
P	

너무 멋진 나의 계획(1)

<table>
<tr><td>내가 추구하는 삶</td><td>삶을 추구하기 위한 구체적인 계획</td></tr>
<tr><td></td><td>

나의 직업

선택가능한 학과

선택가능한 대학

준비하면 좋은
자격증

준비를 위한
구체적인 노력
</td></tr>
</table>

너무 멋진 나의 계획(2)

시간		달(월)	불(화)	물(수)	나무(목)	쇠(금)	흙(토)	날(일)
오전	12~1시							
	1~2시							
	2~3시							
	3~4시							
	4~5시							
	5~6시							
	6~7시							
	7~8시							
	8~9시							
	9~10시							
	10~11시							
	11~12시							
오후	12~1시							
	1~2시							
	2~3시							
	3~4시							
	4~5시							
	5~6시							
	6~7시							
	7~8시							
	8~9시							
	9~10시							
	10~11시							
	11~12시							

 한눈에 쏙들어오는 쉽고 재미있는 상담교실

- ✦ **목표:** 미래 일기를 통해 비전을 세워 보고, 비전을 이루는 데 도움이 될 긍정의 힘을 가지게 한다.
- ✦ 준비물: 활동지, 필기도구, 가치카드(VAP카드)
- ✦ 나에게 힘 주기 시간은 총 2회기로(시간이 가능할 경우 1회기 활동으로 묶어서 진행할 수도 있다) '꿈같은 나의 현실', '나의 나침반'으로 구성되어 있다. 10년 혹은 20년 뒤의 가상 일기를 써 봄으로써 자신의 비전을 세워 볼 수 있고, 그러한 비전을 이루어 나갈 수 있는 힘을 서로의 긍정적 피드백을 통해 받을 수 있는 시간이다.

✦ '꿈같은 나의 현실'

10년 혹은 20년 뒤 자신의 모습을 상상한다. 자신의 성공적인 모습을 상상하며 특정한 어느 한 날을 정해 그날의 일기를 직접 써 보게 한다. 구체적이고 상세하게 시간대별로 작성해 보게 한다. 일기의 제목도 멋지게 지어 보게 한다. 자신의 소망과 비전이 들어가 있도록 구체적인 사건과 일 중심으로 반드시 작성한다. 느낌, 생각이 아니라 일어난 일을 작성한다. '강의를 했다'든지, '연극무대에 드디어 올랐다'든지, '국제변호사로서 처음 법정에 섰다'든지, 본인에게 꼭 일어났으면 하는 사건 중심으로 기술하게 한다.

✦ '나의 나침반'

가치카드를 나누어 가진다. 마음에 드는 카드 1~2개를 손에 쥐고 그 내용을 외우게 한다. 집단원끼리 활동을 한다. 한 사람이 일어나 크게 '나는 ~한 삶을 살겠습니다.' 하면 집단원들이 '네, 당신은 ~한 삶을 살 것입니다.' 한다. 다시 '나는 정말 ~한 삶을 살겠습니다.' 하고 외친다. 집단원들이 '네, 우리는 그런 당신이 정말 자랑스럽습니다.' 하고 피드백을 준다. '감사합니다.' 하고 앉으며, 모든 집단원들이 똑같은 방법으로 실시한다.

카드는 여러 가지 방법으로 나눌 수 있다. 가령 "어느 독재자가 세상을 지배하며 사람들에게 10가지의 가치만 허용하고, 모두 빼앗아 버렸다. 한 달 뒤 그 독재자는 10개의 가치 중 다시 5개를, 그리고 또다시, 한 달 뒤 1~2개의 가치만 남기고 모두 빼앗아 버렸다." 이런 설정이 가능하겠다.

꿈같은 나의 현실

다양한 가치들을 살펴보아요

NO. 1. 공평한 삶	NO. 2. 사명감 있는 삶	NO. 3. 예의 바른 삶
NO. 4. 창의적인 삶	NO. 5. 책임감 있는 삶	NO. 6. 정직한 삶
NO. 7. 검소한 삶	NO. 8. 주체적인 삶	NO. 9. 성실한 삶
NO. 10. 신뢰로운 삶	NO. 11. 열정적인 삶	NO. 12. 목표가 있는 삶

한눈에 쏙들어오는 쉽고 재미있는 상담교실

NO. 28. 긍정적인 삶
NO. 29. 도전적인 삶
NO. 30. 지혜로운 삶
NO. 31. 즐거운 삶
NO. 32. 성찰하는 삶
NO. 33. 지식 추구하는 삶
NO. 34. 봉사하는 삶
NO. 35. 성스러운 삶
NO. 36. 협동하는 삶
NO. 37. 지지하는 삶
NO. 38. 원칙적인 삶
NO. 39. 사랑하는 삶
NO. 40. 당당한 삶
NO. 41. 관용적인 삶
NO. 42. 칭찬하는 삶
Excuse me....

NO. 43. 조화로운 삶	NO. 44. 절제하는 삶	NO. 45. 함께하는 삶

NO. 46. 빈카드	NO. 47. 빈카드	NO. 48. 빈카드

제2장
여러 가지 성격검사 이야기

☆ MBTI 교실
☆ 에니어그램 교실
☆ 스트롱 교실

☆ MBTI 교실

1. MBTI 선행학습

1) MBTI는 이렇게 만들어 졌어요

MBTI(Myers-Briggs Type Indicator)는 융의 심리유형 이론을 일상생활 속에서 활용할 수 있도록 이해하기 쉽게 개발한 것이다. 융의 이론은 모든 인간의 행동들이 각양각색으로 다양하여 종잡을 수 없이 복잡해 보이지만 자세히 살펴보면 질서 정연하고, 일관된 어떤 경향이 있다는 데서부터 출발한다. 인간 행동이 다양한 것은 개인마다 인식하고 판단하는 특징이 다르기 때문이라고 하였다. 사람들마다 자극에 대한 반응, 관심과 흥미, 가치관 등이 다르게 나타나는 것도 또한, 이 때문이라 할 수 있을 것이다. 이렇게 MBTI는 인식과 판단에 대한 융의 이론, 그리고 인식과 판단의 향방을 결정짓는 융의 태도 이론을 바탕으로 하고 있다.

2) MBTI의 핵심 내용이에요

① 선호를 나타내는 지표

네 가지 지표	구분 기준
EI E(Extraversion) 외향 I(Introversion)　내향	내 에너지 충전원이 외부인가? 아니면 내부인가?
SN S(Sensing) 감각 N(iNtuition) 직관	내 인식 방법이 경험중심의 감각인가? 아니면 직관인가?
TF T(Thinking) 사고 F(Feeling)　감정	내 결정 방식에 영향을 미치는 것이 머리인가? 아니면 가슴인가?
JP J(Judging) 판단 P(Perceiving) 인식	내 전체적인 삶의 방식이 계획적인가? 아니면 즉흥적인가?

② 16가지 성격유형으로 조합하기

네 가지 지표(EI, SN, TF, JP)마다 양극을 이루는 두 가지씩의 선호경향이 있는데 이를 조합하여 모두 16가지의 MBTI 성격유형을 만들 수 있다. 네 가지 지표에서 한 가지씩을 선호하여 나타나는 16가지의 유형은 ENFP, ISTJ와 같이 네 개의 문자로 표시된다. 여기에는 주도적이고 지배적으로 작용하는 주기능과, 보조적기능으로 작용하는 부기능이 역동적인 관계를 이루고 있다. 또한 이 기능을 외부또는 내부 방향으로 사용하게 하는 태도(E 또는 I)가 있다. 16가지 성격유형은 이러한 과정과 태도의 역동적인 상호작용에 따라 각기 다르게 나타나게 된다.

ISTJ 완벽을 추구하는 사람	ISFJ 충성스런 사람	INFJ 독창적인 사람	INTJ 독립적인 사람
ISTP 실질적인 사람	ISFP 예술가적인 사람	INFP 열정적인 사람	INTP 이론가적인 사람
ESTP 자발적인 사람	ESFP 사교적인 사람	ENFP 낙천적인 사람	ENTP 발명가적인 사람
ESTJ 엄격한 사람	ESFJ 따뜻한 사람	ENFJ 설득력 있는 사람	ENTJ 지도력 있는 사람

3) MBTI 성격 검사는 왜 할까요?

MBTI를 통해 개인의 인식과 판단의 선호 경향을 알아보고, 개인의 기질별 특징과 16가지 성격유형에 따른 상호간의 이해탐색을 통해 실생활에서의 행복한 삶의 폭을 넓히는 데 도움을 주고자 제작되었다. 사람들은 이 검사를 통해 자신과 타인을 이해하고 탐색함으로써 풍요로운 개인의 삶과 더불어 살아갈 수 있는 삶의 융통성을 가질 수 있을 것이다. 또한 인식과 판단 과정에서 나타나는 사람들의 근본적인 선호성을 알아내고, 각자의 선호성이 개별적으로 또는 복합적으로 어떻게 작용하는지의 결과들을 예측하여 실생활에서 도움을 얻고자 한다.

4) MBTI 성격 검사는 이렇게 활용해요

① 학교 현장에서

▶ 각 성격유형에 맞는 교수방법을 제공할 수 있다.
▶ 성격유형에 맞는 역할 분담을 함으로써 학생들의 만족도를 높일 수 있다.
▶ 학생들의 성격유형을 파악하여 교사들의 학생에 대한 이해를 높일 수 있다.
▶ 자신과 타인의 선호경향을 알고, 이해하게 됨으로써 타인지향적인 교실분위기를 연출해 낼 수 있다.
▶ 각 유형마다의 학습동기를 발견하여 각자에게 적합한 학습방법을 개발하도록 피드백할 수 있다.

② 상담활동에서

▶ 자신의 선호경향을 알게 함으로써 자신에 대한 이해를 높여 준다.
▶ 자신 성격에서의 장점과 강점을 충분히 찾아내 줌으로써 능동적이고 자발적인 삶을 이끌 수 있게 한다.
▶ 서로 간의 성격유형을 이해하게 되고 차이점을 인정하게 됨으로써 가족,

 한눈에 쏙들어오는 쉽고 재미있는 상담교실

친구들과의 오해와 갈등을 극복하게 한다.

▶ 성격유형에 적합한 진로와 직업을 함께 찾아냄으로써 밝은 미래에 대한 꿈을 가지고 도전 정신을 키워 나가게 한다.

2. 네 가지 지표 살펴보기

외향적인 사람인가 내향적인 사람인가를 밝히기 위해 제작된 EI지표는 개인이 삶을 살아갈 때, 관심과 에너지의 방향이 외부세계 또는 내부세계 중 어디로 향하는지를 보여 주는 것이다. 감각을 통해 인식하려는 경향을 가지고 오관을 통한 관찰가능한 사실을 더 잘 인식하는지, 직관을 통해 인식하려는 경향 때문에 어떤 사실이나 사건의 이면에 감추어진 의미나 관계 또는 가능성을 더 잘 인식하는지를 보여 주는 것은 SN지표이다. 세 번째 지표는 TF로서 사고(머리)를 통해 논리적인 결과를 바탕으로 결정하는지, 감정(가슴)을 통해 개인적, 사회적 가치를 바탕으로 결정을 하는지를 보여 주는 것이다. 마지막 JP지표는 우리가 외부세계에 대처해 나갈 때 외향적 측면에서 주로 사용하는 과정을 기술하기 위해 제작되었다. 외부세계에 대처해 나갈 때, 판단과정(T 또는 F)을 주로 사용하는 사람은 판단을 선호하게 되며, 외부세계에 대처해 나갈 때, 인식과정(S 또는 N)을 주로 사용하는 사람은 인식을 선호하게 된다. 요약해서 정리하면 다음 그림과 같다.

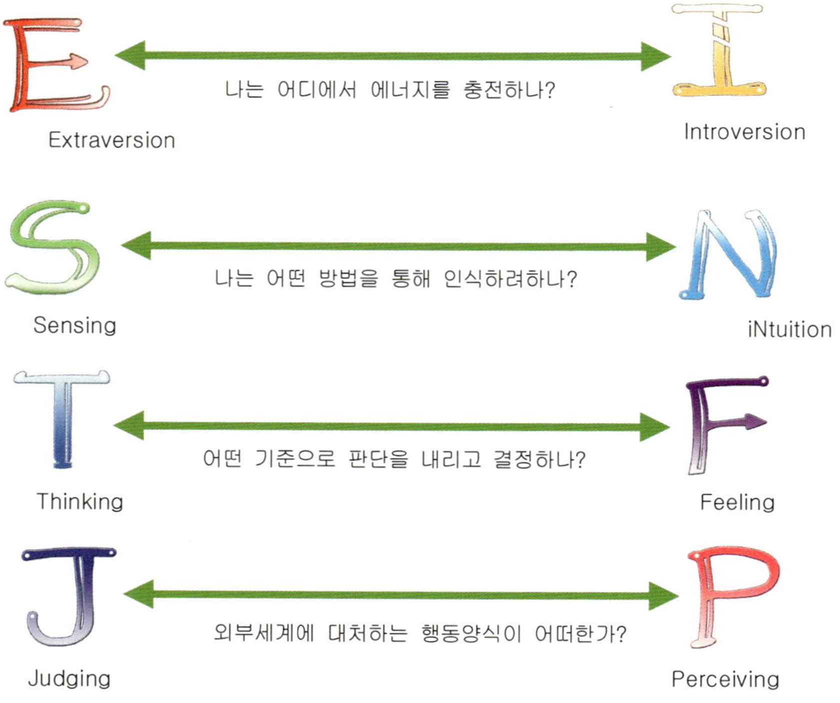

1) 외향 – 내향들은 대체로 이래요

외향	내향
• 에너지가 넘쳐 보인다. • 말을 많이 하는 편이다. • 자신의 감정을 잘 표현한다. • 말 중간에 잘 끼어드는 편이다. • 다양한 대인관계로 친구가 많다. • 사람들과 만나는 것을 좋아한다. • 적극적이고 활동적인 취미생활을 한다. • 붙임성과 사교성이 많고 인사를 잘 한다. • 외부 활동을 통해 에너지를 충전하는 편이다.	• 한 가지 일에 집중한다. • 말을 적게 하는 편이다. • 속마음을 잘 드러내지 않는다. • 남의 말을 잘 듣고 있는 편이다. • 깊이 있는 대인관계로 친구가 적다. • 실외보다는 실내 활동을 더 선호한다. • 혼자 있는 시간을 힘들어 하지 않는다. • 가끔 자기만의 공간과 시간을 필요로 한다. • 내면의 탐색과 휴식을 통해 에너지를 충전하는 편이다.

2) 감각 – 직관들은 대체로 이래요

감각	직관
▪ 현실적인 편이다.	▪ 변화와 다양성을 추구한다.
▪ 확실한 것을 선호한다.	▪ 새로운 것을 시도하고자 한다.
▪ 사실적이고 구체적이다.	▪ 일처리가 신속하고 비약적이다.
▪ 실용성이 있는 것을 선호한다.	▪ 실제보다 상상에 시간을 투자한다.
▪ 전체적인 흐름을 잘 읽지 못한다.	▪ 미래의 가능성을 중요하게 여긴다.
▪ 확인된 사실만을 중요하게 여긴다.	▪ 본능에 가까운 느낌을 믿는 편이다.
▪ 상상보다 실제에 시간을 투자한다.	▪ 획기적인 변화에 관심과 흥미를 둔다.
▪ 실제로 경험해 본 것에 관심을 둔다.	▪ 세부적인 내용을 살피지 못하는 편이다.
▪ 변화보다는 일관성 있는 일을 추구한다.	▪ 애매해도 참신하고 새로운 것을 선호한다.

3) 사고 – 감정들은 대체로 이래요

사고	감정
▪ 원칙대로 한다.	▪ 조화를 선호한다.
▪ 이성적으로 판단한다.	▪ 느끼는 대로 판단한다.
▪ 규범과 기준을 중시한다.	▪ 도덕을 중요하게 생각한다.
▪ 간단명료한 설명을 선호한다.	▪ 가슴에 와 닿는 설명을 선호한다.
▪ 냉정하다는 말을 듣기도 한다.	▪ 따뜻하고 친절하다는 말을 듣는다.
▪ 사람보다는 일 위주로 결정한다.	▪ 상대방을 공감할 줄 알고 배려한다.
▪ 원인과 결과를 중요하게 생각한다.	▪ 일보다는 사람 중심으로 결정한다.
▪ 주장이 강한 편이고 잘 따지는 편이다.	▪ 결과보다 과정을 중요하게 생각한다.
▪ 사실적이고 진실한 주제에 관심을 둔다.	▪ 좋게 생각하고 삶의 여유를 즐기는 편이다.

4) 판단 – 인식들은 대체로 이래요

판단	인식
• 미리 미리 계획한다. • 구조적이고 체계적이다. • 계획이 있어야 마음이 편하다. • 정리 정돈된 상태를 선호한다. • 목표가 분명한 것을 선호한다. • 정해진 일을 잘 미루지 않는다. • 어떤 일에 대한 결론을 잘 내린다. • 시작한 일의 끝맺음이 분명한 편이다. • 계획된 일이 변경되는 것에 마음 불편하다.	• 여유 있게 과정을 즐긴다. • 무계획 속에서 자유를 느낀다. • 상황에 따라 유연성을 발휘한다. • 융통성을 가지고 적응하고자 한다. • 새로운 아이디어를 잘 받아들인다. • 일을 진행하면서 계획을 마련한다. • 계획은 변경되기 위해 있는 것이다. • 단시간에 에너지를 집중하여 일한다. • 일은 잘 벌이지만 끝맺음이 조금 어렵다.

3. 활동으로 지표 살펴보기

전국에 있는 초, 중, 고 선생님들 중 발명에 관심이 있는 40명을 대상으로 2009년 8월 청주 교육대학교에서 실시되었던 직무연수에서 'MBTI와 발명과의 만남'이라는 주제로 이루어진 활동 시간에서 얻은 결과물들로 각 지표별 차이점을 느껴 보고자 한다.

1) 외향 – 내향은 이런 활동 했어요

'아주 큰 집안행사를 끝내고 난 다음 날 일요일 당신은 무엇을 하고 있을까요?'라는 주제로 활동지를 작성하게 하고 그 내용을 정리한 것이다.

외향	내향
<ul><li>노래방 가서 신나게 논다.</li><li>친구들 만나 수다를 떤다.</li><li>고생했으니 외식하며 맛있는 음식을 먹는다.</li><li>친구들을 집으로 초대해 스트레스를 푼다.</li><li>등산을 간다.</li><li>카페에서 친구들을 만난다.</li><li>배우자에게 쇼핑 가자고 해서 나간다.</li><li>행사로 지저분해진 집을 정리한다.</li><li>하루 종일 잔다.</li><li>피곤하니 잠을 잔다.</li></ul>	<ul><li>집에서 쉰다.</li><li>죽은 듯이 잔다.</li><li>친한 친구를 집으로 오라고 해서 담소를 나눈다.</li><li>조용히 책을 읽으며 하루를 보낸다.</li><li>차를 마시며 휴식한다.</li><li>조용히 앉아 생각을 정리한다.</li><li>힘들었던 어제를 생각하며 일기를 쓴다.</li><li>밀린 집안일을 한다.</li><li>혼자 쇼핑을 간다.</li></ul>
대체적으로 활동을 통해 스트레스를 풀며 에너지를 얻는다고 함으로써 소모에 의해 에너지를 충전하는 경향이 있음을 알 수 있게 했다.	대체적으로는 정적인 활동이나 혼자 하는 활동을 하며 휴식을 취한다고 함으로써 비축에 의해 에너지를 충전하는 경향이 있음을 알 수 있게 했다.

2) 감각 – 직관은 이런 활동 했어요

① '오래간만에 우리 집을 찾아오는 친구에게 친절하게 약도를 그려 줍시다. 집을 찾기 쉽도록 편리한 인간 내비게이션 역할을 해 봅시다.'라는 주제로 집단이 활동한 것입니다. S와 N의 차이를 느껴 보세요.

감각	직관

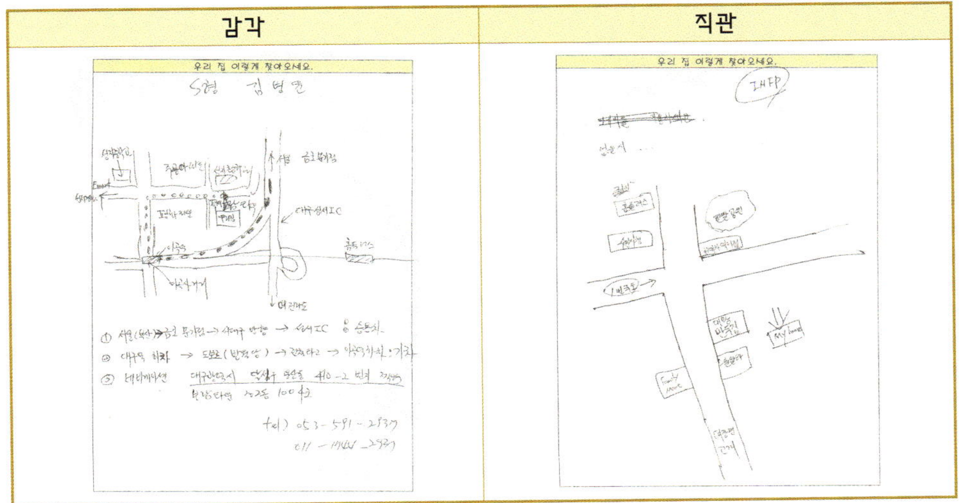

감각	직관

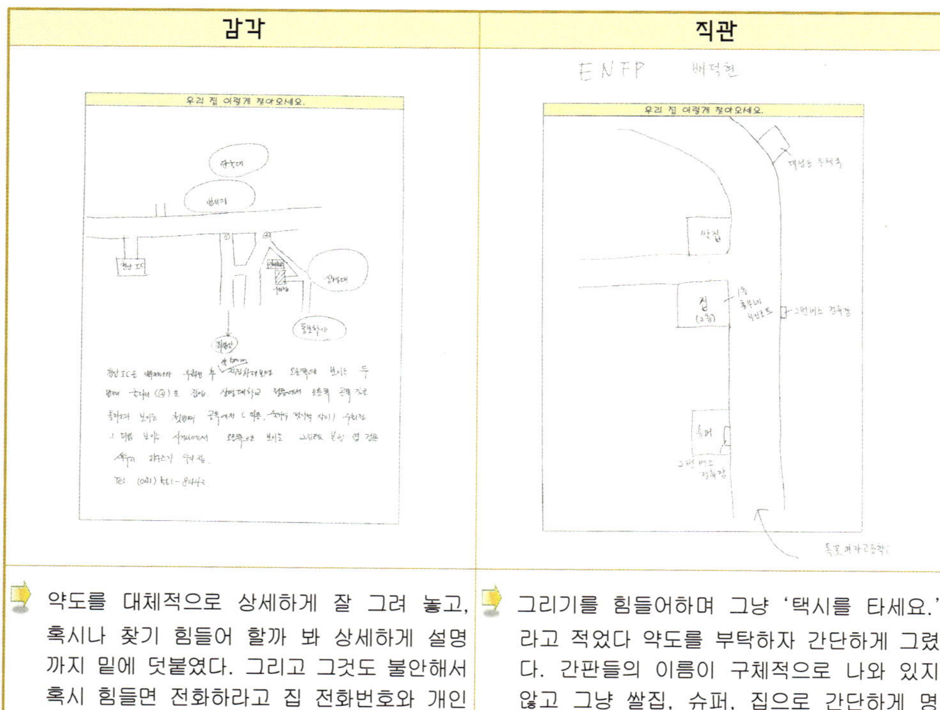

감각	직관
약도를 대체적으로 상세하게 잘 그려 놓고, 혹시나 찾기 힘들어 할까 봐 상세하게 설명까지 밑에 덧붙였다. 그리고 그것도 불안해서 혹시 힘들면 전화하라고 집 전화번호와 개인 휴대폰 번호까지 남겨 놓았다. 목적지까지 무사히 찾아 갈 수 있는 약도가 될 수 있을 것 같다.	그리기를 힘들어하며 그냥 '택시를 타세요.' 라고 적었다 약도를 부탁하자 간단하게 그렸다. 간판들의 이름이 구체적으로 나와 있지 않고 그냥 쌀집, 슈퍼, 집으로 간단하게 명시되어 있다. 목적지를 찾아 가기 힘든 약도가 될 것 같다

 한눈에 쏙 들어오는 쉽고 재미있는 상담교실

② '고즈넉한 풍경이 펼쳐져 있어요. 그림을 감상하며 이야기 나누어요. 그림에 대한 전체적인 느낌도 좋고, 그냥 그림에 대한 설명이어도 좋고, 어떤 방법으로든 집단이 이야기 나눈 내용을 적어 보세요. 그림으로 표현해도 좋아요.'라는 활동을 집단이 나눈 것입니다. S와 N을 느껴 보세요.

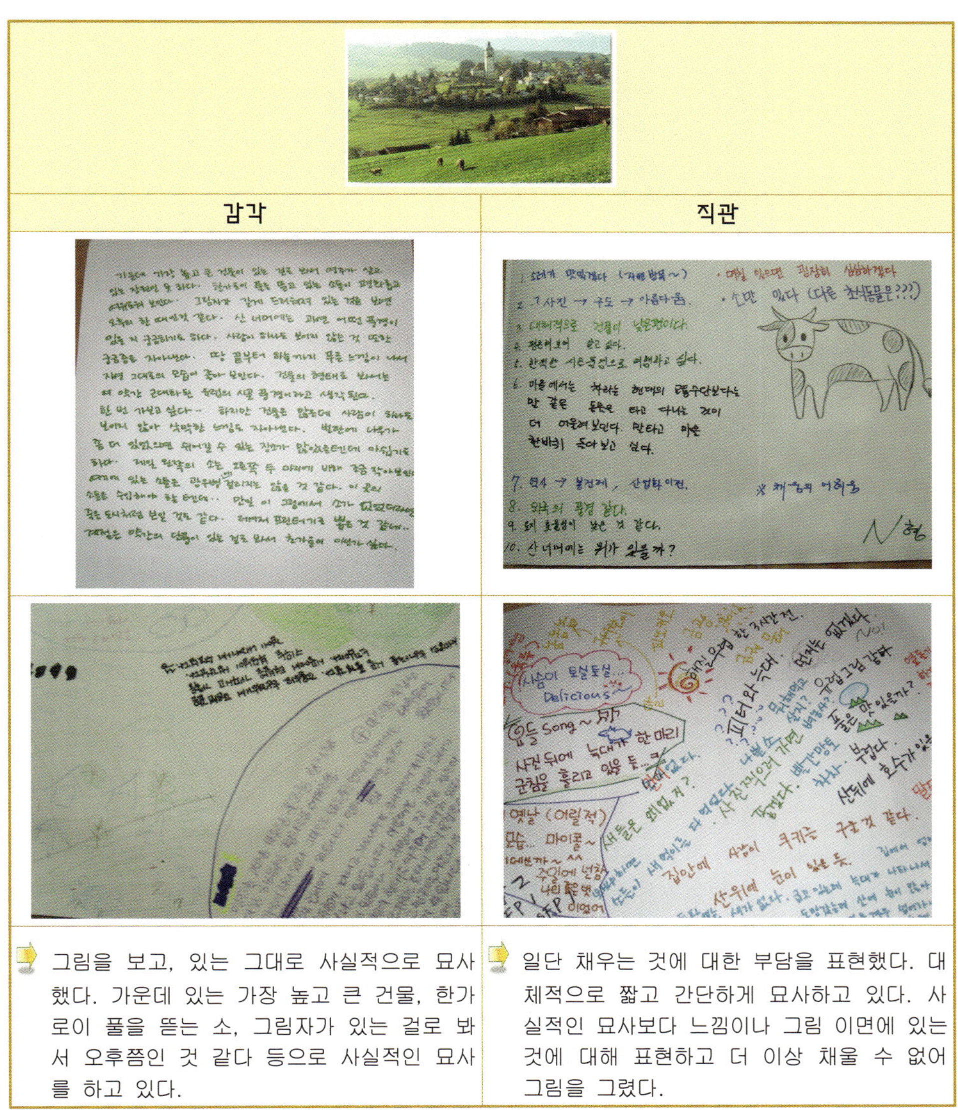

감각	직관
그림을 보고, 있는 그대로 사실적으로 묘사했다. 가운데 있는 가장 높고 큰 건물, 한가로이 풀을 뜯는 소, 그림자가 있는 걸로 봐서 오후쯤인 것 같다 등으로 사실적인 묘사를 하고 있다.	일단 채우는 것에 대한 부담을 표현했다. 대체적으로 짧고 간단하게 묘사하고 있다. 사실적인 묘사보다 느낌이나 그림 이면에 있는 것에 대해 표현하고 더 이상 채울 수 없어 그림을 그렸다.

3) 사고-감정은 이런 활동 했어요

'슬픈 영화나 드라마를 보고 난 후, 나의 하루 생활은 어떠한가요?'라는 주제
에 대해 토론하고 발표한 내용이다.

사고	감정
• 드라마를 잘 보지 않는다. • 드라마는 드라마일 뿐이다. • 크게 감정 이입은 되지 않는다. • 내 생활에 별로 영향을 주지 못한다. • 볼 땐 슬프다. 그러나 보고 나면 잊어버린다. • 슬퍼지지 않으려 '저건 드라마다.' 주문을 외운다.	• 주인공이 마치 나 같다. • 일이 손에 잡히지 않는다. • 주인공 생각을 하면 가슴이 아프다. • 너무 슬퍼서 하루 종일 마음에 걸린다. • 영향은 받지만 객관적이 되려고 최대한 노력한다. • '저건 드라마다.' 주문을 외워도 자꾸 머릿속에 떠오른다.
⇨ 대체적으로 드라마와 현실을 구분할 수 있는 이성이 발휘된다. 드라마에 감정 이입이 되기보다는 감정을 정리할 줄 알지만, 그런 드라마 자체를 즐기지 않는 편이다.	⇨ 드라마에 몰입되고 마치 내 감정인 것같이 영향을 받는 편이다. 주인공의 입장을 공감하고, 동정하며, 마음이 아프고, 그 감정이 꽤나 오래가는 편이다.

4) 판단-인식은 이런 활동 했어요

'한 달 뒤 떠날 가족 여행에 대한 계획을 세워 봅시다.'라는 주제로 활동지를
작성하게 한 후 정리한 내용입니다.

판단	인식
• 필요한 물건의 목록을 정하고 체크해 나간다. • 아이들에게 도움이 될 만한 장소를 알아본다. • 출발시간부터 잠자는 시간까지 시간대별로 정리한다. • 인터넷부터 검색하여 음식점, 숙박시설, 여행지를 알아본다. • 여러 곳을 알아보고 가격을 조사한 후 경제적인 곳을 정한다.	• 배우자에게 알아보라고 한다. • 다른 사람에게 추천받아 간다. • 미리 알아본다. 그러나 준비는 떠나기 전날 한다. • 큰 가방 하나 놓고 생각날 때마다 필요한 것 하나씩 넣는다. • 여행지와 같이 큰 것만 정해 놓고 음식점, 숙박은 가서 보고 정한다.
⇨ 시간적인 여유를 두고 여기저기 검색하여 알아본 뒤 여행지를 결정하며, 계획을 세울 때 체계적으로 목록을 만들어 번호를 매겨 가며 작성하는 경우가 많이 있다. 그리고 여행을 떠나는 중 계획이 변경되는 것을 좋아하지 않는다고 한다.	⇨ 한 달 뒤에 있을 여행에 대한 계획을 벌써 세우느냐는 말을 하기도 한다. 그리고 계획을 세운다는 것 자체를 힘들어하며 인터넷 검색 같은 것은 미리 하겠지만 필요한 물품 챙기는 것은 떠나기 전날이나 당일 날 아침에 하게 될 것이라 한다.

 한눈에 쏙 들어오는 쉽고 재미있는 상담교실

4. 기질과 주기능 이해하기

1) 기질별 특징 요약해보기

사람들의 드러나는 여러 가지 행동 속에 내재하고 있는 패턴의 일관성을 나타낸다.

SJ	▶ 법 없이도 살 수 있는 사람들이다. 원리원칙을 지키며 책임감이 강하다. 생각에 있어서는 다소 고리타분하고 진부한 면이 있으며, 독창적인 방법으로 일을 해결하기보다 관례적인 방법으로 일을 처리하거나 따르는 것을 좋아한다. 또한 새로운 것을 추구하기보다 옛 것을 지키고자 하며 모험보다는 안정을 추구하기 때문에 주식투자에 과감성을 발휘하는 것은 어렵다. 맡은 일에 대한 책임감과 의무감이 강하여 자신들이 속한 조직이나 모임을 계속 유지하고자 하는 성향을 가지고, 강한 소속감으로 맡은 임무를 진지하고 성실하게 수행한다. 몸에 성실이 배여 있다. 조직적인 기관에 적응하는 능력이 뛰어난 사람들로서 군인, 경찰, 공무원, 회계, 교사 등 지키는 일을 잘한다. 만약 SJ 여성들이 직업을 가지지 않는다면 가정주부로서 가정을 지키는 일을 성실하게 수행할 수도 있을 것이다.
SP	▶ 조용히 있기보다는 활동하는 것을 좋아한다. 재주가 많고 특히 손재주가 탁월하여 무엇인가를 만들거나 또는 퀼트, 십자수 등을 하면서 시간을 활용할 수 있다. 유쾌하고 즐거운 사람들이며 어떤 모임에서 분위기를 만들 수 있는 대체적으로 긍정적이고 낙관적인 사람들이다. 새로운 일을 하는 것에 대한 두려움이 별로 없어 재미를 추구하거나 모험을 즐기는 일에 과감히 뛰어 들 수 있다. 따라서 SJ와는 달리 과감하게 주식에 투자를 하거나 놀이동산에 가서 모험과 스릴을 즐길 수 있는 놀이가구를 타면서 재미를 추구한다. 오랜 시간 집중하는 것은 힘들지만 짧은 시간 에너지를 발휘하는 능력이 뛰어나다. 구속받는 것을 싫어하기 때문에 조직적인 기관보다는 허용적이고 자유로운 분위기에서 일할 수 있는 공간에 적응하기 쉽다. 따라서 연극, 배우, 개그맨, 디자이너, 소방대원 등의 직업에 적합하다.
NT	▶ 어려서부터 책 읽기를 좋아하며 독서광이 많다. 책도 일반적인 소설이나 문학보다는 과학서적이나 컴퓨터 서적과 같은 것에 더 관심을 가진다. 호기심이 많아 끊임없이 질문하고 의문을 제기한다. 스스로 납득이 될 때까지 'why'에 대한 답을 찾고, 논리적이고 분석적이라 냉철해 보인다. 또한 사람보다는 일중심이라 가끔씩 차갑게 보이기도 한다. 사회의 발전에 대한 고민이 많고 특히 지식적으로 발전시키고자 하는 욕구가 있으며, 지식을 끊임없이 추구한다. 연구에 몰두하는 것을 선호하며 사물의 이치에 대해서도 호기심이 많다. 따라서 친구들끼리의 사소한 대화에는 흥미를 가지지 못하고 또래들과 잘 어울리지 못할 경우도 있다. 직업적으로는 외교관, 교수, 연구원, 과학자 등 끝없이 지식을 추구하며 연구하는 일에 적합하다.
NF	▶ 자신을 둘러싼 외부세계보다는 자신의 내면에 대한 통찰에 관심이 많으며, 항상 스스로와의 내적 대화를 많이 하는 사람들이다. 이들은 또한 사회 발전보다는 내적 성장에 관심이 많으며 자신에 대한 객관적인 자아와 주관적인 자아 사이에서 갈등을 많이 겪는다. 자아실현 경향성에 대한 욕구를 누구보다도 강하게 가지며, 내면의 풍요로움을 느낄 수 있는 시, 소설, 수필 등에서 감동을 추구하는 사람들이다. 따라서 조금은 현실성이 떨어질 수 있으며, 땅에 발을 딛지 않고 사는 것처럼 보이기도 한다. 철학자 같은 말을 하기도 하며, 가을에 긴 코트를 입고 나무 아래에서 시를 읽고 있거나, 무엇인가를 생각하는 것 같은

2) 기능에도 위계와 질서가 있어요

① 주기능 – 의식적으로 가장 선호하여 활발하게 사용하는 기능, 개인성격의 핵심
② 부기능 – 주 기능과의 균형과 상보적 역할(외향과 내향, 인식과 판단)
③ 3차기능 – 의식과 무의식의 사다리 역할, 부기능의 반대기능
④ 열등기능 – 무의식 차원에서 미분화되어 덜 발달됨. 주 기능의 반대기능

주기능	성격유형	주기능이 건강할 때	주기능이 불건강할 때
S(i)	ISTJ ISFJ	구체적이고 사실적이다.	자신이 알고 있는 사실에 대해 억지를 부린다.
S(e)	ESTP ESFP	새로운 경험들을 수용할 줄 안다.	새로운 경험에 대한 병적인 집착을 보일 수 있다.
N(i)	INFJ INTJ	자신의 직관에 대한 자신감이 있다.	자신의 생각이나 느낌을 타인에게 강요한다.
N(e)	ENFP ENTP	다양한 가능성에 대해 열려있다.	새로운 것에 대해 집착한다.
T(i)	ISTP INTP	생활에 논리성을 추구한다.	주관적인 논리에 억지로 맞추려고 한다.
T(e)	ESTJ ENTJ	논리적으로 대응할 줄 안다.	타인에 대해 공격성을 띤다.
F(i)	ISFP INFP	자신과 타인에 대해 관용적이다.	자신에 대해서만 관용적이다.
F(e)	ESFJ ENFJ	대인관계에서 조화를 이끌 수 있다.	조화와 평화를 강박적으로 연출한다.

5. 나의 MBTI 유형 알기

본인에게 해당되는 문항 옆 (　　) 안에 ○표 하세요

E	I
• 친구가 많은 편이다. (　) • 사람들과 쉽게 친해진다. (　) • 나를 너무 쉽게 알리는 편이다.(　) • 사람들의 대화에 잘 끼어든다. (　) • 밖에서 활동하는 것이 더 재미있다. (　) • 글보다 말로 표현하는 것이 편하다. (　) • 성격이 급하다는 소리를 가끔 듣는다.(　) • 많은 사람들과 대화하는 것이 즐겁다. (　) • 생각이 정리되기 전에 말을 먼저 한다. (　) • 낯선 곳에 가서 새로운 사람을 만나는 것이 그다지 부담스럽지 않다. (　)	• 남의 말을 잘 들어 준다. (　) • 조용한 분위기를 좋아한다. (　) • 나만의 공간을 필요로 한다. (　) • 소수의 친구와 깊이 있게 사귄다. (　) • 생각이 정리되어야 말로 표현한다. (　) • 속마음을 잘 드러내지 않는 편이다. (　) • 말보다 글로 표현하는 것이 편하다. (　) • 사람들과 처음 친해지는 것이 어렵다. (　) • 신중한 편이라는 소리를 가끔 듣는다. (　) • 외부 활동보다는 내부 활동을 좋아한다. (　)
합계 (　　　)	합계 (　　　)
S	**N**
• 경험에 의존하는 편이다. (　) • 실제적이고 현실적이다. (　) • 세부적인 것들이 눈에 잘 띈다. (　) • 실용적인 것에 관심이 많다. (　) • 지나치게 꼼꼼할 때가 있다. (　) • 잘 따진다는 오해를 받기도 한다. (　) • 일상적이고 반복적인 것이 편하다. (　) • 확실하고 구체적인 것을 좋아한다. (　) • 단계적 접근에 의한 설명을 선호한다. (　) • 새로운 방법보다 해 오던 것을 따르는 것이 편하다. (　)	• 변화를 즐긴다. (　) • 새로운 일에 도전적이다. (　) • 독창적인 아이디어가 있다. (　) • 현실적인 감각이 떨어진다. (　) • 설명에 있어서 비약이 많다. (　) • 전체적인 맥락을 잘 잡는다. (　) • 육감, 영감(느낌)에 의존하는 편이다. (　) • 일상적이고 반복적인 것을 싫어한다. (　) • 숨겨진 이면의 뜻을 파악하고자 한다. (　) • 구체적이고 세부적인 설명을 싫어한다. (　)
합계 (　　　)	합계 (　　　)
T	**F**
• 잘 따진다. (　) • 원리·원칙을 내세운다. (　) • 공과 사를 잘 구별한다. (　) • 논리적이고 객관적이다. (　) • 공정하게 대우받기를 원한다. (　) • 간단하고 요약된 것을 좋아한다. (　) • 약간 차갑다는 말을 가끔 듣는다. (　) • 다른 사람의 부탁을 잘 거절할 수 있다. (　) • 슬픈 영화를 본 후 감정 수습이 빠르다. (　) • 다른 사람들에게 상처를 주는 말을 한다. (　)	• 정서적 교류를 원한다. (　) • 따뜻하고 친절한 편이다. (　) • 감정에 영향을 많이 받는다. (　) • 일의 조화를 중요하게 생각한다. (　) • 내 의사를 분명하게 말하지 못한다. (　) • 상대에 대한 입장 배려를 깊이 한다. (　) • 다른 사람의 부탁을 거절하지 못한다. (　) • 일을 처리하는 데 사람이 중심에 있다. (　) • 슬픈 영화를 본 후 감정 수습이 오래간다.(　) • 다른 사람들에게 편안하다는 말을 자주 듣는다. (　)
합계 (　　　)	합계 (　　　)

J	P
▪ 계획적이다. (　　)	▪ 일을 잘 벌이는 편이다. (　　)
▪ 일의 마무리가 확실한 편이다. (　　)	▪ 주위 정리정돈이 안 된다. (　　)
▪ 주위가 깨끗하게 정리된 편이다. (　　)	▪ 일을 자꾸 미루는 편이다. (　　)
▪ 계획한 일을 미루는 것은 불편하다. (　　)	▪ 상황에 따른 적응이 빠르다. (　　)
▪ 시간을 두고 일을 시작하는 편이다. (　　)	▪ 갑작스런 일을 좋아하며 즐긴다. (　　)
▪ 구조적이고 체계적인 것을 선호한다. (　　)	▪ 계획이 변경되어도 아무 문제없다. (　　)
▪ 계획대로 일이 진행되기를 기대한다. (　　)	▪ 임박해서야 일을 시작하는 편이다. (　　)
▪ 분명한 목적과 방향이 있어야 편하다. (　　)	▪ 일의 마무리가 깔끔하지 못한 편이다. (　　)
▪ 자신에 대한 기대 수준이 높은 편이다. (　　)	▪ 계획 없이 일을 먼저 진행하는 편이다. (　　)
▪ 갑작스런 약속이나 계획 변경은 불편하다. (　　)	▪ 지나치게 구조화되어 있으면 불편하다. (　　)
합계 (　　　　　)	합계 (　　　　　)

성격유형 채점해 봐요

영역	에너지방향		인식		판단		삶의 양식	
지표	E	I	S	N	T	F	J	P
합계								
지표선택								

나의 최종 성격유형은

6. 학교생활과 MBTI

1) 지표별로 학생들 살펴 보아요

① 외향 – 내향의 학생들

	E	I
장 점	▪ 사교적이다. ▪ 활발하고 밝다. ▪ 교우관계가 넓다. ▪ 적극적이고 자발적이다. ▪ 수업 시간에 발표를 잘 한다.	▪ 조용하다. ▪ 차분하다. ▪ 신중해 보인다. ▪ 진지한 대화를 잘 한다. ▪ 글로 표현하는 것을 선호한다.
단 점	▪ 말이 많다. ▪ 집중력이 떨어진다. ▪ 행동보다 말이 앞선다. ▪ 목소리가 크고 시끄럽다.	▪ 소극적이다. ▪ 발표력이 떨어진다. ▪ 또래들과 어울림이 부족하다. ▪ 지나치게 진지해 보일 수 있다.
친해지기	▪ 질문에 즉각 답해 준다. ▪ 뜸을 들이지 않고 말한다. ▪ 대화할 때 힘 있게 말한다. ▪ 넓은 친구 관계를 이해해 준다.	▪ 반응을 재촉하지 않는다. ▪ 그들의 침묵을 인정한다. ▪ 질문하고 난 후 시간을 준다. ▪ 친해질 수 있는 시간을 준다.
공부하기	▪ 노는 것처럼 공부한다. ▪ 생각보다 행동이 먼저 나타난다. ▪ 말로써 정리하는 것을 선호한다. ▪ 혼자보다는 함께하는 공부를 선호한다. ▪ 학습 이외의 외부적 요인들에 흥미를 느낀다.	▪ 생각이 정리되어야 말로 표현한다. ▪ 말보다 읽기 위주의 학습을 선호한다. ▪ 혼자 조용히 공부하는 것을 좋아한다. ▪ 아이디어나 어떤 개념들에 집중하는 경향이 있다. ▪ 자신과의 내적 대화를 위한 새로운 자료 수집을 선호한다.
교사 피드백	▪ 발표할 기회를 많이 준다. ▪ 칭찬과 격려를 많이 한다. ▪ 동기 부여를 위해 외적인 강화물들을 이용한다. ▪ 대화, 토론하기, 소그룹활동의 기회를 제공한다. ▪ 또래를 가르치게 하여 말로 학습내용을 정리할 수 있는 기회를 제공한다.	▪ 조용하고 차분한 학습 환경을 제공한다. ▪ 질문하고 난 후 생각을 정리할 시간을 충분히 준다. ▪ 내적인 작업을 할 수 있는 충분한 시간과 함께 과제를 부여한다. ▪ 토론, 대화, 소그룹 활동보다는 혼자서 공부할 수 있는 환경을 제공한다.

② 감각 – 직관의 학생들

	S	N
장 점	• 꾸준하고 일관성이 있다. • 맡겨진 일을 정확하게 처리한다. • 반복학습을 잘 하고 암기력이 좋다. • 계획을 세우는 데 있어 현실적이다. • 실질적이고 구체적인 이야기를 한다.	• 새로운 것에 대해 도전한다. • 독창적이고 상상력이 풍부하다. • 창의적인 아이디어를 제공한다. • 전체적인 맥락과 흐름을 잘 본다. • 변화를 좋아하고 미래지향적이다.
단 점	• 지나치게 꼼꼼하고 인색하다. • 변화에 대한 적응력이 떨어진다. • 새로운 것에 대한 도전이 부족하다. • 멀리 보지 못하고, 넓게 보지 못한다. • 독창적이고, 창의적인 아이디어가 부족하다.	• 현실성이 떨어진다. • 반복학습을 싫어한다. • 꾸준하지 못하고 쉽게 변한다. • 규칙과 규율, 관례를 무시한다. • 구체적이고 실제적인 수업에 싫증을 낸다.
친해지기	• 차근차근 단계적으로 말한다. • 구체적이고 직접적으로 말한다. • 갑작스런 변화를 요구하지 않는다. • 독창적이고, 창의적인 상상력을 요구하지 않는다.	• 창조적 상상력을 격려해 준다. • 미래의 가능성에 대해 이야기한다. • 지나치게 자세하고, 구체적인 이야기는 하지 않는다. • 이들의 변화(변덕)를 인정해 준다.
공부하기	• 컴퓨터 수업, 현장학습을 선호한다. • 실용성과 현실성 있는 학습을 선호한다. • 구체적 경험들이 뒷받침되는 학습을 선호한다. • 이론 자체보다는 그 이론의 활용과 유용성을 중요하게 생각한다. • 경험을 바탕으로 한 친숙한 사실로부터 시작하여 점차 추상적 개념과 원리를 도출하기를 선호한다.	• 통찰에 의한 '아하'학습을 선호한다. • 문맥을 읽고 전체 흐름을 짚어 낼 줄 안다. • 실제적 사실보다 일반적인 개념에 주의를 집중한다. • 세부적인 어떤 내용을 학습하기 전에 전체적인 윤곽을 잡기를 선호한다. • 지나치게 구체적이고, 상세한 설명을 선호하지 않는다.
교사 피드백	• 반복학습을 제공한다. • 현장학습, 실험학습 등의 기회를 제공한다. • 컴퓨터 수업, 시청각 자료 등의 활용 기회를 제공한다. • 배울 것에 대해 직접 경험해 볼 수 있는 기회를 제공한다. • 비약적인 사고를 강요하지 말고 단계를 밟아 가며 구체적으로 설명한다. • 상상으로 만들어 내기보다 이미 알고 있는 사실적인 내용으로 예를 든다.	• 반복학습보다는 새로운 학습 내용을 제공한다. • 자기 주도적인 학습이 가능한 과제를 부여한다. • 새로운 가능성과 변화를 인정하는 학습 환경을 제공한다. • 지나치게 자세한 설명식 수업보다 적당히 비약적인 수업을 제공한다. • 창조적이고 독창적인 사고를 허용하는 개방적인 학습 환경을 제공한다.

 한눈에 쏙쏙들어오는 쉽고 재미있는 상담교실

③ 사고 – 감정의 학생들

	T	F
장 점	<ul><li>규범을 잘 지킨다.</li><li>책읽기를 좋아한다.</li><li>지적인 호기심이 많다.</li><li>공과 사를 구별할 줄 안다.</li><li>사실을 객관적으로 판단할 줄 안다.</li><li>감정에 치우치지 않고, 옳고 그름을 판단할 줄 안다.</li></ul>	<ul><li>친절하다.</li><li>따뜻하다.</li><li>우호적이다.</li><li>친구를 잘 도와준다.</li><li>봉사정신이 투철하다.</li><li>교실에서의 힘든 일을 잘 한다.</li><li>온화한 미소로 사람들을 편하게 해 준다.</li></ul>
단 점	<ul><li>비판적일 수 있다.</li><li>공감능력이 떨어진다.</li><li>정서적으로 메말랐다.</li><li>아는 척을 많이 한다.</li><li>지나치게 옳고 그름을 따진다.</li></ul>	<ul><li>지나치게 감정적이다.</li><li>거절하지 못하고 감정에 끌려 다닌다.</li><li>자기 의사를 분명하게 표현하지 못한다.</li><li>상대방의 말에 지나치게 상처받아 주위 사람들을 부담스럽게 한다.</li></ul>
친해지기	<ul><li>내 의사를 분명히 밝힌다.</li><li>객관적인 자세로 이야기한다.</li><li>공과 사를 구분하여 접근한다.</li><li>지나치게 감정에 호소하지 않는다.</li><li>구구절절한 핑계를 대지 않는다.</li></ul>	<ul><li>많이 웃어 준다.</li><li>인간적으로 접근한다.</li><li>우회적으로 거절한다.</li><li>친절하고 따뜻하게 대한다.</li><li>이들의 친절에 감사를 표한다.</li></ul>
공부하기	<ul><li>사람을 배제하고 판단한다.</li><li>체계적으로 구조화된 학습을 선호한다.</li><li>객관적이고 논리적인 사실을 중시한다.</li><li>분석하고 탐구할 것이 있는 문제를 선호한다.</li><li>정서적으로 많은 영향을 받지 않는 교실 환경을 선호한다.</li></ul>	<ul><li>사람을 중심에 두고 판단한다.</li><li>생활의 정서적 측면을 중시한다.</li><li>따뜻하고 인간적인 교실 환경을 선호한다.</li><li>인간을 중심에 둔 연구 과제를 선호한다.</li><li>경쟁보다는 조화롭고 협조적인 학습 환경을 선호한다.</li></ul>
교사 피드백	<ul><li>논리적이고 조직적인 수업을 제공한다.</li><li>원인, 결과가 분명한 주제가 있는 과제를 부여한다.</li><li>분석하고 판단할 수 있는 문제를 제공한다.</li><li>감정이 아닌 객관적인 성취에 대한 피드백을 제공한다.</li></ul>	<ul><li>봉사활동의 기회를 제공한다.</li><li>학생들과의 사적인 친밀감을 먼저 제공한다.</li><li>객관적인 피드백이 아니라 정서적 교감을 느낄 수 있는 피드백을 제공한다.</li><li>객관적인 사실보다는 인간을 중심에 두고 생각할 수 있는 과제를 제공한다.</li></ul>

④ 판단 − 인식의 학생들

	J	P
장 점	▪ 계획적이다. ▪ 체계적이다. ▪ 정리 정돈을 잘 한다. ▪ 일을 시키면 책임을 지고 해낸다. ▪ 분명한 방향 감각과 뚜렷한 기준을 가지고 있다.	▪ 개방적이다. ▪ 자율적이다. ▪ 수용적이다. ▪ 융통성이 많다. ▪ 일의 과정을 즐길 줄 안다. ▪ 변화에 따른 적응력이 뛰어나다.
단 점	▪ 융통성이 없다. ▪ 변화를 싫어한다. ▪ 심리적인 여유가 없다. ▪ 자신의 결정에 남이 따라 줄 것을 강요한다.	▪ 게으르다. ▪ 실수가 많다. ▪ 일을 잘 미룬다. ▪ 계획적이지 못하다. ▪ 주위가 정리되지 않는다.
친해지기	▪ 일관성을 지킨다. ▪ 약속을 잘 지킨다. ▪ 함께 일할 때 미루지 않고 한다. ▪ 어떤 일을 부탁할 때, 시간적 여유를 두고 한다. ▪ 사전에 연락 없이 계획을 갑자기 변경하지 않는다.	▪ 여유로운 자세로 대한다. ▪ 이들의 실수를 이해한다. ▪ 다양성과 변화를 인정한다. ▪ 게으르다고 비난하지 않는다. ▪ 부탁한 일을 너무 재촉하지 않는다. ▪ 계획은 변동될 수 있음을 이해한다.
공부하기	▪ 시작을 하면서 끝과 완성을 생각한다. ▪ 뚜렷한 구조를 가진 학습 상황을 선호한다. ▪ 어떤 일을 시작할 때 그 일에 대한 계획을 구조화한다. ▪ 과제를 부여받으면 심각한 일로 받아들이고 끝까지 해낸다. ▪ 분명한 목표가 제공된 학습을 선호한다.	▪ 새로운 경험에 대해 개방적이다. ▪ 변화에 대해 개방적인 것을 선호한다. ▪ 이전과는 새로운 것에 의해 동기가 부여된다. ▪ 어떤 뚜렷한 경쟁이 생기면 공부에 자극을 받는다. ▪ 일상적 과제에서 재미를 느낄 수 있는 방법이 필요하다. ▪ 틀에 박힌 구조 없이 자유로운 사고가 가능한 것을 선호한다.
교사 피드백	▪ 명확한 학습 목표를 제공한다. ▪ 체계적이고 구조화된 학습 환경을 제공한다. ▪ 순차적 접근 형식을 갖춘 교수방법을 제공한다. ▪ 예측가능하고 일관성 있는 교수방법을 제공한다. ▪ 충분한 시간적 여유를 가지고 과제를 부여한다.	▪ 문제 해결 방법을 스스로 선택하도록 격려한다. ▪ 놀이처럼 느껴질 수 있는 학습 과제를 제공한다. ▪ 그들의 흥미와 관심에 부합하는 과제로 동기를 유발시킨다. ▪ 스스로 과제를 선택할 수 있도록 덜 구조화되고, 덜 조직적인 과제를 제공한다.

2) 기질별로 학생들 살펴 보아요

기질	특징	학습 지도
SJ	성실하고 책임감이 강한 학생이다. 든든하고 믿음직한 또래 교사로 역할을 수행하며 담임의 보조 역할을 해 낼 수 있다. 학급에서 정한 규칙을 잘 지키며 수업에 대한 준비가 철저한 학생들로서 잘 짜여 지고 구조화된 수업을 선호한다.	주어진 일에 대해서는 성실하게 수행하므로 학습량을 정해주는 것이 좋으며, 충분히 익힐 때 까지는 복습 중심으로 지도한다. 체계적인 학습지도가 필요하고, 이들에게 부족한 창의성과 융통성을 키워주며 전체를 볼 수 있는 안목을 가지도록 지도해야 한다.
SP	유쾌하고 재미있는 성품의 학생이다. 가라앉고 침체되어 있는 학급 분위기를 띄울 수 있는 유머를 가지고 있다. 개방적이고 수용적인 학급 분위기에 더 잘 적응하며 소풍, 졸업 여행 등에 적절한 기회를 부여하면 제 역할을 해 낼 수 있다. 친구들에게 인기가 많다.	외적 강화물 제공에 동기가 유발될 수 있으며 지나치게 구조화된 학급 분위기에 적응하지 못한다. 한 가지 일에 오래 집중하지 못하므로 짧은 시간에 에너지를 집중할 수 있는 학습 지도가 필요하다. 개방적이고, 수용적인 분위기와 경험할 수 있는 시청각 자료가 제공된다면 효과적이다.
NF	따뜻하고 심성이 고운 학생이다. 교사의 공감어린 눈빛 하나에 감동을 느끼고, 동기 유발이 될 수 있다. 독창적이고 창의적이며 때로는 엉뚱한 면이 있기도 하지만 칭찬과 격려가 이 학생들로 하여금 미래에 대해 마음껏 꿈꾸게 할 수 있다. 혼자 힘들어 하는 친구들에게 또래 상담자 역할을 해 낼 수 있다.	지나치게 구조화되거나 틀에 박히지 않은 자유로운 분위기에서 서로가 공감할 수 있는 정서적인 교류가 우선적으로 허용되어야 한다. 그리고 새로운 것에 흥미를 가지므로 반복 학습 보다는 다양한 방법의 학습 지도가 필요하다. 내면을 성찰할 수 있는 문학, 시, 소설 등의 교과에 흥미를 느낄 수 있다.
NT	독립적이고 지적 호기심이 많은 학생이다. 정서적인 교류가 있는 학급 분위기보다는 원리와 원칙이 통하는 객관적인 학급 분위기를 더 좋아한다. 수업 시간 교사의 실수를 지적하여 당황스럽게 하기도 하고, 모르는 것은 끝까지 알려고 한다. 무조건적인 긍정적 피드백보다는 객관적인 피드백을 더 좋아한다.	스스로 생각하고 판단할 수 있는 주제로 동기가 유발된다. 자존심이 강하므로 학습 장면에서 이를 활용하여 적절한 경쟁을 유도하면 효과적일 수 있다. 답이 눈에 보이는 문제보다는 고민하고 추론할 수 있는 문제를 더 선호하며, 개별적인 학습 지도가 필요하다. 이들이 무엇인가를 연구할 때 지나친 충고나 참견은 지양한다.

3) 16가지 색깔로 학생들 살펴 보아요

원리원칙을 내세우며, 부당한 것이 있으면 바로잡으려 하고 논리적인 언어표현을 많이 쓴다. 활발하지만 고집은 강한 편이고 무엇보다 간섭받는 것을 싫어한다. 일을 하기에 앞서 철저하게 준비하며 지식에 대한 관심이 많다. 솔직하며 통솔력이 있고, 계획한 것을 해내는 열성적인 면을 갖추고 있다. 솔직하고 심지가 굳으며 결정이 내려진 일에는 앞장서서 진행한다. 새로운 지식에 대한 관심이 많으며 논리적으로 전달해야 하는 대중 연설과 같은 것에 능하다. 행동에는 위엄이 있고, 무게가 있어 보인다. 실제보다 조금 더 자신 있어 보일 수 있다. 논리적이고 구조화된 학습 환경을 선호하며 교사의 일방적인 전달식 수업을 힘들어하고, 발표, 토론 등 직접 참여하는 수업을 선호한다. 생각에 독창성이 있으며 사실적이고 현실적인 내용보다 개념을 재구성하는 학습 환경을 좋아한다. 구체적이며, 확실한 목표를 세우고, 방향 잡는 것을 좋아하며 계획적인 학습을 잘 한다.

어울리는 직업	변호사, 고급간부, 교수, 마케팅 전문가, 디자이너, 회계사, 세무사, 검사 ⇒ 강한 카리스마가 요구되는 일을 잘 해낼 수 있다.

모범적이고 솔선수범하며 예의가 바르다. 활발하면서도 정리, 정돈을 잘 하는 편이다. 책임감이 강하고 합리적인 사고를 한다. 공정한 것을 선호하고, 경쟁에서는 이겨야 하는 성격이며 넓은 대인관계를 형성한다. 다소 엄격하고 실제적이다. 체계적이고 조직적인 학습 환경을 선호하며 교사의 일방적인 전달식 수업을 싫어한다. 경험을 통한 논리적인 분석을 선호한다. 감정에 얽매이지 않는 객관적인 학습과 학급 환경을 선호하고, 정확한 학습 목표를 제시되는 확실한 수업을 더 편해한다. 컴퓨터 수업, 현장학습, 체험학습 등 활동을 수반한 학습을 좋아한다. 반복적으로 암기하는 학습을 좋아하고, 실제로 적용할 수 있는 실용적이고 활용가능한 학습에 더 끌린다. 교사의 비약적인 전개가 있는 수업이나 개괄적인 설명으로 빠르게 진행되는 수업방식을 어려워하고, 실제적이고 정확하며 구체적인 설명을 편안해한다.

어울리는 직업	경찰관, 상업, 공업교사, 판사, 간호사(행정), 회계사, 요리사, 은행원 ⇒ 과정에 충실해야 하는 일을 잘 해낼 수 있다.

주관이 강하고 고집이 세다. 호기심이 많으며 논리적이다. 만물박사라 불릴 만큼 아는 것이 많으나 약간은 자기중심적이며 또래 집단에서 잘난 척하는 경향이 있어 학급에서 외톨이가 되기도 한다. 주변을 정리, 정돈하는 것에 서투르다. 잔소리 듣는 것을 싫어하고 잘못된 일을 잘 지적한다. 어려운 문제에 대한 도전을 좋아하고 독립적으로 공부하는 것을 선호하며 과학에 관심이 많다. 의미를 재구성하거나 이면에 숨겨진 뜻을 잘 파악하고, 끊임없는 아이디어를 구상하는 경향이 있다. 추상적인 개념을 잘 정리하며 이론적이고 과학적인 것을 좋아한다. 읽기를 선호하고, 조직적인 학습에는 불편해하며 벌여 놓은 일에 대한 마무리는 서투르다. 변화와 새로운 가능성을 받아들이며 관심 있는 주제를 만나면 에너지를 집중하여 마무리할 수 있다.

어울리는 직업	사회과학자, 화학자, 법률가, 과학기술자, 대학교수, 전기기사, 약사 ⇒ 개념 정립이 중요한 일을 잘 해낼 수 있다.

	말이 별로 없으며 조용하고 점잖으면서 표정변화가 없는 편이다. 그러나 뜻밖의 유머를 보여 주기도 한다. 실질적이고 현실적이며 어떤 일에 결정을 내리기 전에 냉철하게 현상을 관찰한다. 의욕적이지만 고집이 있고 손재주가 많다. 호기심이 많고, 앞에 나서지는 않지만 소집단에서 조용한 리더 역할을 해낸다. 타인의 감정을 살피는 일에 서투르고 끈기가 부족하며 뒷마무리에 약한 편이다. 직접 듣고, 보고, 만지는 체험적 학습, 즉 컴퓨터 수업, 현장학습, 비디오 관람을 통한 수업을 선호하고 이론 중심보다는 실용적인 과제를 더 선호하며 감정이 배제된 객관적인 학습 환경을 선호하고, 논리적인 사고가 허용되는 학습 환경을 선호한다. 반복적이고 암기 중심의 학습에 능하지만 계획적이고 조직적으로 구조화된 학습에는 불편해한다. 실제적 경험을 바탕으로 추상적인 개념에 도달할 수 있으며 과학 실험에 관심이 많다.
어울리는 직업	보호관찰관, 승무원, 치과 위생사, 중소기업 관리자, 장교, 카레이서 ⇒ 활동적인 일을 잘 해낼 수 있다.
	순하고 착하다. 다른 사람의 일에 관심이 많다. 책임감도 강하여 신뢰로우며 예능분야에 관심이 많다. 공감할 줄 알면서도 책임감이 강하고 표현이 다소 논리적이다. 딴 세계에 빠져 있을 때가 많고, 뜻밖의 행동에 가끔씩 주변을 놀라게도 하여 화산을 품고 사는 아이라는 평가를 받는다. 주변 상황에 영향을 많이 받기에 교사와의 인간적인 관계가 중요하며 정서적인 교감과 피드백을 중요시한다. 생각보다 활동하기를 더 선호하며 명확하고, 구체적인 목표와 조직적이고 계획적인 학습 분위기를 좋아한다. 창의적이고 독창적인 아이디어를 가지고 과제를 수행할 수 있으며 때로는 자신에 대한 높은 기대로 스스로를 힘들게 하기도 한다. 토론, 발표, 소그룹 스터디 등 함께하는 학습을 선호하고, 의미를 재구성하거나 통찰에 의한 학습을 선호한다.
어울리는 직업	PD, 순수예술가, 미술, 연극 교사, 디자이너, 작가 또는 언론인, 사서 ⇒ 설득력이 요구되는 일을 잘 해낼 수 있다.
	명랑하고 밝으며 감정이 풍부하다. 친구들과 잘 어울리며 대인관계가 좋고 나서기 좋아한다. 마음이 따뜻하고 양심적이며 협력하기를 좋아해서 인기가 많은 편이다. 표현력과 발표력이 좋고 리더십이 있다. 긍정적인 피드백에 최대의 성과를 낼 수 있다. 분명한 주제가 있는 과제와 구체적이고 자세한 설명을 선호한다. 언어계열을 선호하고, 이야기 중심의 소설을 선호한다. 걱정을 미리 하는 편이며 활동하면서 생각을 정리하는 편이다. 반복학습을 좋아하고 컴퓨터, 시청각, 현장학습과 같은 체험위주의 수업을 선호한다. 과제는 충분한 시간을 두고 수행하는 편이고, 적용가능한 과제를 더 선호한다. 소그룹 활동, 토론, 발표 등 함께 하는 학습을 더 선호한다. 그러나 구체적인 설명이 없이 비약적인 요약을 하는 수업은 힘들어한다.
어울리는 직업	교사, 외국어 교사, 현금출납원, 신부, 성인교육교사, 검안사, 가정의 ⇒ 대인 서비스 업무를 잘 해낼 수 있다.

<table>
<tr><td>
</td><td>말이 없고 조용하다. 생각이 깊으며 온순하고 따뜻하다. 열정이 있고, 이상가적이며 충성심이 강하지만 친해지기 전까지 그것을 잘 드러내지는 않는다. 주변 상황에 민감하여 교사의 부정적인 피드백에 상처를 쉽게 입는다. 자기비판적인 경향이 있으며 칭찬과 비난에 민감한 편이다. 행동이 느리고 일관성이 없으며 실천력이 부족하다. 창의적이고, 독창적인 면을 가지고 있으며, 통찰 학습을 선호한다. 세부적이고 실제적인 설명이 있는 수업을 힘들어한다. 다른 사람들과 상호작용은 없지만 혼자서도 학습을 놀이처럼 여길 줄 안다. 독자적인 일을 선호한다.</td></tr>
<tr><td>어울리는 직업</td><td>순수 예술가, 편집자, 언론인, 상담가, 작곡가, 연예인, 미술교사, 작가
⇒ 상상력을 필요로 하는 일을 잘 해낼 수 있다.</td></tr>
<tr><td>
</td><td>평소에 대체적으로 낙천적이며 긍정적이다. 약간 산만한 편이며 성급하게 결론을 잘 내린다. 끈기가 부족하고 행동이 느리다. 그러나 마음이 너그럽고 온순하며 남의 부탁을 잘 거절하지 못한다. 부끄러움도 많은 편이며 권위적인 분위기를 힘들어한다. 개별적인 학습을 더 선호하고, 직접 보고, 듣고, 만지는 감각적 학습을 더 선호한다. 조직적이고 구조적인 학습을 힘들어하고, 객관적이고, 분석적인 사고를 선호하지 않는다. 학습 문제 해결 방법에 있어서 개방적이고 세부사항에 주의를 집중하느라 전체 흐름을 놓치기 쉽다. 학습이나 과제가 놀이처럼 느껴진다면 에너지를 집중하여 학습의 효과를 낼 수 있다.</td></tr>
<tr><td>어울리는 직업</td><td>가출청소년 상담가, 디자이너, 교사, 아동보육사, 도서관 안내원, 음악가
⇒ 예술 관련 일이나 대인 관련 일을 잘 해낼 수 있다.</td></tr>
<tr><td>ESTP</td><td>생활의 즐거움을 느끼며 적극적이고 활동적이다. 자발적이고 주도적이다. 모든 일에 관심이 많고 개방적이다. 목소리가 크고 말이 많은 편이며 옳고 그름을 잘 따지고, 자기 의견에 대한 고집이 있다. 문제를 즉시 해결하고 걱정하지 않으며 매사를 즐기는 편이다. 임기응변에 강하고 호탕하지만 가끔 언행에 불일치를 보이기도 한다. 복잡한 것보다는 단순한 것을 선호하며 여러 가지 활동이 있는 학습을 선호한다. 따라서 컴퓨터 수업, 시청각 수업, 체험 학습 등을 좋아한다. 반복 학습을 좋아하고 암기력이 뛰어나다. 논리적인 과제나 수업을 좋아하고 구체적인 설명이 없이 비약적인 수업을 하는 교사를 싫어한다. 구체적이면서도 실제적인 경험을 토대로 한 이론을 선호하고, 구조화된 학습 환경을 힘들어한다. 구조화되지 않은 문제를 선호하며 놀이처럼 느껴지는 학습에 동기가 유발된다.</td></tr>
<tr><td>어울리는 직업</td><td>마케팅 전문가, 형사, 성인교육교사, 경호원, 언론인, 소방사
⇒ 행동파에게 맞는 일을 잘 해낼 수 있다.</td></tr>
</table>

<table>
<tr>
<td>
</td>
<td>항상 표정이 밝은 편이며 장난이 심하고 붙임성이 있다. 다소 감정적이고 진지한 면은 부족하다. 노는 것을 좋아하며 천방지축이고 약간은 과잉행동을 보이기도 한다. 단순하면서도 솔직하고 목소리가 크고 말이 많다. 마음이 너그럽고 사교적이며 행동은 느긋하고 매사에 수용적이다. 환경에 대한 적응력도 뛰어나며 성격이 급한 편이다. 실험, 컴퓨터 수업, 체험 학습 등 직접적인 활동이 있는 수업을 더 선호하며 토론, 발표, 그룹 활동 등 함께하는 학습에서 더 효과적이다. 생각보다 말이 앞서고, 감정에 민감하여 교사들의 긍정적인 피드백에 힘을 얻고 부정적인 피드백에 상처를 입는다. 또한 감정이 배제된 논리적이고 분석적인 주제의 과제는 싫어한다. 이론보다는 그 이론의 활용에 더 관심이 많고 비약적인 사고를 요하는 수업이나 구조화되고 조직화된 학습 환경을 힘들어한다. 놀이로 생각할 수 있는 비구조화된 과제를 더 선호한다.</td>
</tr>
<tr>
<td>어울리는 직업</td>
<td>아동보육사, 도서관직원, 영업사원, 디자이너, 유치원교사, 승무원
⇒ 너그러운 마음과 대인 서비스직을 잘 해낼 수 있다.</td>
</tr>
<tr>
<td>
</td>
<td>소극적이고 부끄러움이 많아 자발성은 부족하다. 표현이 부족하고 창의성, 융통성도 부족하다. 그러나 성실하고, 책임감이 강하며, 진지하고, 조용하며, 한 가지에 집중하고 매사에 철저한 편이다. 주변 정리, 정돈을 잘 한다. 계획적이고 사전 준비가 철저하여 실수가 적은 편이다. 현실적이면서 행동에는 질서가 있다. 또한 해야 할 일을 스스로 결정하고, 결정한 일은 무슨 일이 있어도 해내는 추진력이 있다. 대체적으로 순한 편이며 순종적이다. 확실하고 구체적인 목표가 있는 수업을 편해하며 컴퓨터, 체험 학습 등 활동적인 학습을 선호한다. 함께하는 학습보다는 혼자 하는 것을 선호하고, 구조화된 환경을 더 편해한다. 비약적인 사고를 힘들어하며 경험을 바탕으로 한 구체적이고 실제적이며 논리적인 사고를 한다. 정신 활동에 필요한 충분한 시간을 원하며 충전에 의한 에너지 비축을 한다.</td>
</tr>
<tr>
<td>어울리는 직업</td>
<td>회계사, 치과의사, 화학자, 법관, 장교 사병, 학교장
⇒ 책임감이 요구되는 일을 잘 해낼 수 있다.</td>
</tr>
<tr>
<td>
</td>
<td>대체적으로 온순하고 착하다. 소수의 사람들과 어울리는 것을 선호하며 변화를 싫어한다. 원리, 원칙적이며 규칙을 준수하고자 하고 성실하여 신뢰롭다. 백문이 불여일견인 학생들로 직접 보고 듣고 만지는 경험적이고 활동적인 학습을 선호한다. 어느 정도의 정해진 틀 속에서 공부하는 것을 편해하고, 여러 사람보다는 개인 또는 친한 몇 사람과 공부하는 것을 좋아한다. 정확한 목표가 제시되는 수업을 더 좋아하고, 비약적이지 않고, 구체적이고, 차근차근 설명하는 교사를 더 선호한다. 그러면서 인간적이고 정서적으로 교감이 되는 교사에게 감동받는다. 실용적이고 실제적인 과제를 선호하며 암기를 잘 한다.</td>
</tr>
<tr>
<td>어울리는 직업</td>
<td>간호사, 초, 중, 고 교사, 목사, 의사(가정의, 일반의), 아동 보육사
⇒ 헌신을 요구하는 일을 잘 해낼 수 있다.</td>
</tr>
</table>

활발하여 친구들과 잘 어울린다. 다소 개인적인 성향이 있어 고집이 강하다. 독창적이고 창의적인 아이디어가 많으나 계획적이지 못하고, 행동력이 약하여 게으른 편이다. 발명에 재능이 있고 재빠르며 재주가 많다. 원하는 것이 있을 경우 논리적 설득을 통해 그것을 가진다. 어려운 문제 해결은 잘 하지만 일상적인 것에는 소홀하여 정리, 정돈이 안 되며, 관심은 많으나 쉽게 포기하는 편이다. 전체적인 맥락은 잘 잡으나 나무를 잘 보지 못하고, 그룹 활동을 통해 발표하고, 토론하는 것을 선호한다. 의미조합, 재구성, 개념 확립, 밑그림 그리기를 잘하지만, 세부적인 것을 보는 것은 서투르다. 새로운 것에 대한 호기심과 관심이 많아 일을 시작하는 것은 잘 하나 끝내는 것을 힘들어한다. 한 가지 일에 집중한다는 것은 이들에게 어려운 일이다.

어울리는 직업	사진사, 언론인, 연구원, 정신과 의사, 건축가 , 회사중역, 정치가, 광고 ⇒ 문제 해결 능력이 요구되는 일을 잘 해낼 수 있다.

기발한 생각을 하며 독창적이고, 창의적이지만 딴 생각을 잘 한다. 친구들과 잘 어울리며 대인관계가 원만하고 긍정적인 피드백에 업된다. 긍정적이고, 낙천적이며 열정적이면서 마음은 따뜻하다. 좋아하는 것과 싫어하는 것이 분명하여 선택적인 집중을 한다. 그러나 마음에 들고 관심 있는 일은 뭐 든지 한다. 문제가 있는 사람을 도와주는 것도 잘 한다. 반복적이고 일상적인 것을 지루해하고, 변덕스럽다. 생각나는 것을 바로 말하는 편이며 활발한 성격이다. 친구들을 가르치면서 학습이 가능하고, 토론, 발표 등의 수업에 흥미를 느낀다. 의미를 재구성하거나 전체의 흐름을 파악하는 능력은 있으나 세부적인 내용을 놓치기 쉽다. 공부를 함에 있어서도 시험에 임박하여 벼락치기를 하는 편이고, 책상 등 주위에 대한 정리, 정돈이 부족한 편이다.

어울리는 직업	언론인, 상담가, 컴퓨터 오퍼레이터, 사회복지사, 특수 교사 , 극작가 ⇒ 열정이 요구되는 일을 잘 해낼 수 있다.

대인관계가 넓지는 않지만 소수와 진지하고 깊이 있는 관계를 맺는다. 자신의 주장과 의견이 강한 편이고 고집이 있다. 경쟁심이 있으며 승부에 관심을 두는 내적 강화물에 강하며 칭찬과 같은 외적 강화물에는 별 관심이 없다. 타당하지 않은 이유에 대해 논리적으로 따지기를 좋아하고, 또래들의 사소한 주제에 동참하여 이야기 나누는 것을 싫어하고, 공상과학만화 같은 종류의 책을 선호한다. 따라서 공부도 혼자 하는 것을 좋아하고, 계획을 세우고 그대로 진행되어 나가는 것을 선호하며, 구체적이고 정확한 학습 목표가 제시되는 구조화된 학습 환경을 편해한다. 감정에 호소하는 교사에게는 호감을 느끼지 못하고, 지나치게 구체적인 수업보다는 비약적 사고가 허용되는 학습을 좋아한다.

어울리는 직업	변호사, 과학자, 건축가, 컴퓨터전문가, 회사중역, 사회과학자, 교수 ⇒ 자립성이 요구되는 일을 잘 해낼 수 있다.

INFJ	대체적으로 조용하고, 침착하며, 책임감이 강한 편이다. 생각이 깊고 끈기가 있으며 의욕이 강하다. 또한 맡은 일에 대해 완수하고자 하는 의욕이 강하며 최선을 다한다. 말은 없는 편이지만 조용하게 설득하는 능력이 있다. 공동의 이익을 추구하고자 하며 많은 사람들의 존경을 받는다. 그러나 학급 일에 적극적이고 자발적으로 나서지 않으며 좋고 싫음이 분명하다. 정서적으로 민감하여 직설적이고 부정적인 피드백에 상처받는다. 사소한 것에 대한 걱정이 많고 호기심이 많다. 자신에 대한 높은 기대 수준을 가지고 의미를 재구성하거나 이면의 숨은 뜻을 파악하는 데 관심을 나타낸다. 정확한 학습 목표가 제시되기를 선호하며 생활에서도 계획적이고 체계적인 면을 보인다.
어울리는 직업	순수 예술가, 디자이너, 심리학자, 언론 매체 전문가, 홍보 담당자 ⇒ 생각의 깊이를 요구하는 일을 잘 해낼 수 있다.

7. 이럴때 이런 친구 필요해요

외향이 내향형 친구를 필요로 할 때	내향이 외향형 친구를 필요로 할 때
▪ 내면을 탐색해야 할 때 ▪ 생각의 정리가 필요할 때 ▪ 어떤 일에 집중해야 할 때 ▪ 침묵해야 할 필요가 있을 때 ▪ 글로써 뭔가를 표현해야 할 때 ▪ 깊이 있는 친구 관계를 원할 때 ▪ 좀 더 신중한 어떤 일을 해야 할 때 ▪ 나를 조금 더디게 알려야 할 필요가 있을 때	▪ 많은 친구들이 필요할 때 ▪ 의사표현을 하고 싶을 때 ▪ 재미있는 놀이가 필요할 때 ▪ 에너지를 외부로 쏟고 싶을 때 ▪ 말로써 뭔가를 표현해야 할 때 ▪ 사람들에게 나를 알리고 싶을 때 ▪ 분위기를 살려야 할 필요가 있을 때 ▪ 다양한 활동에 관심을 가지고 싶을 때
직관이 감각형 친구를 필요로 할 때	감각이 직관형 친구를 필요로 할 때
▪ 어떤 사실을 제시할 때 ▪ 모르는 길을 물어서 가야 할 때 ▪ 반복적인 무엇인가를 해야 할 때 ▪ 못 본 드라마 내용을 들어야 할 때 ▪ 작성한 보고서의 오타를 수정해야 할 때 ▪ 땅에 발을 딛고 현실적인 사고를 하고 싶을 때 ▪ 현재의 즐거움이 중요함을 보여주어야 할 때 ▪ 현실적이고 실질적인 아이디어를 필요로 하는 일을 할 때	▪ 미래 비전을 세워보고 싶을 때 ▪ 설명을 간단하게 축약해야 할 때 ▪ 새로운 일에 대한 열정이 필요할 때 ▪ 어떤 일을 조금 다른 각도에서 보고 싶을 때 ▪ 작성할 보고서의 전체적인 윤곽을 잡고 싶을 때 ▪ 학급에서 진행하는 행사에 대한 기획이 필요할 때 ▪ 독창적인 아이디어가 필요한 일을 추진해야 할 때

감정이 사고형 친구를 필요로 할 때	사고가 감정형 친구를 필요로 할 때
- 분석을 필요로 할 때 - 계획한 일을 밀어 붙일 때 - 친구의 부탁을 거절해야 할 때 - 친구의 잘못을 지적해야 할 때 - 'No'라고 분명하게 말해야 할 때 - 의견을 논리적으로 제시해야 할 때 - 보고서 작성에 객관적인 데이터가 필요할 때 - 감정을 배제하고 싸움에 논리적으로 맞서야 할 때	- 친구의 감정을 읽어야 할 때 - 정서적인 교류가 필요할 때 - 긍정적인 피드백이 필요할 때 - 친구에게 고마운 마음을 전할 때 - 거절당해서는 안 되는 일을 할 때 - 싸운 친구에게 화해하는 법을 알아야 할 때 - 지나치게 사무적인 분위기를 부드럽게 만들 때 - 다른 '사고'에게서 상처 받아 위로가 필요할 때
판단이 인식형 친구를 필요로 할 때	인식이 판단형 친구를 필요로 할 때
- 변화가 필요할 때 - 재미가 필요할 때 - 융통성이 필요할 때 - 삶의 여유가 필요할 때 - 정서적 이완이 필요할 때 - 기대수준을 낮추고 싶을 때 - 새로운 일에 도전이 필요할 때 - 타인에 대해 수용력이 필요할 때	- 구조화가 필요할 때 - 조직적인 일을 진행할 때 - 반복적인 일을 해야 할 때 - 계획을 세워 공부해야 할 때 - 남들에게 신뢰를 얻어야 할 때 - 자신에 대해 평가가 필요할 때 - 남들에게 진지하게 보여야 할 때 - 구체적인 목표와 방향이 필요할 때

8. 그림으로 말한다

각 유형들이 자신들과 반대 유형의 사람들을 그림으로 나타내어 보았다. 그림을 탐색하며, 그림들이 함축하고 있는 각 유형들의 특징들을 살펴보길 바란다.

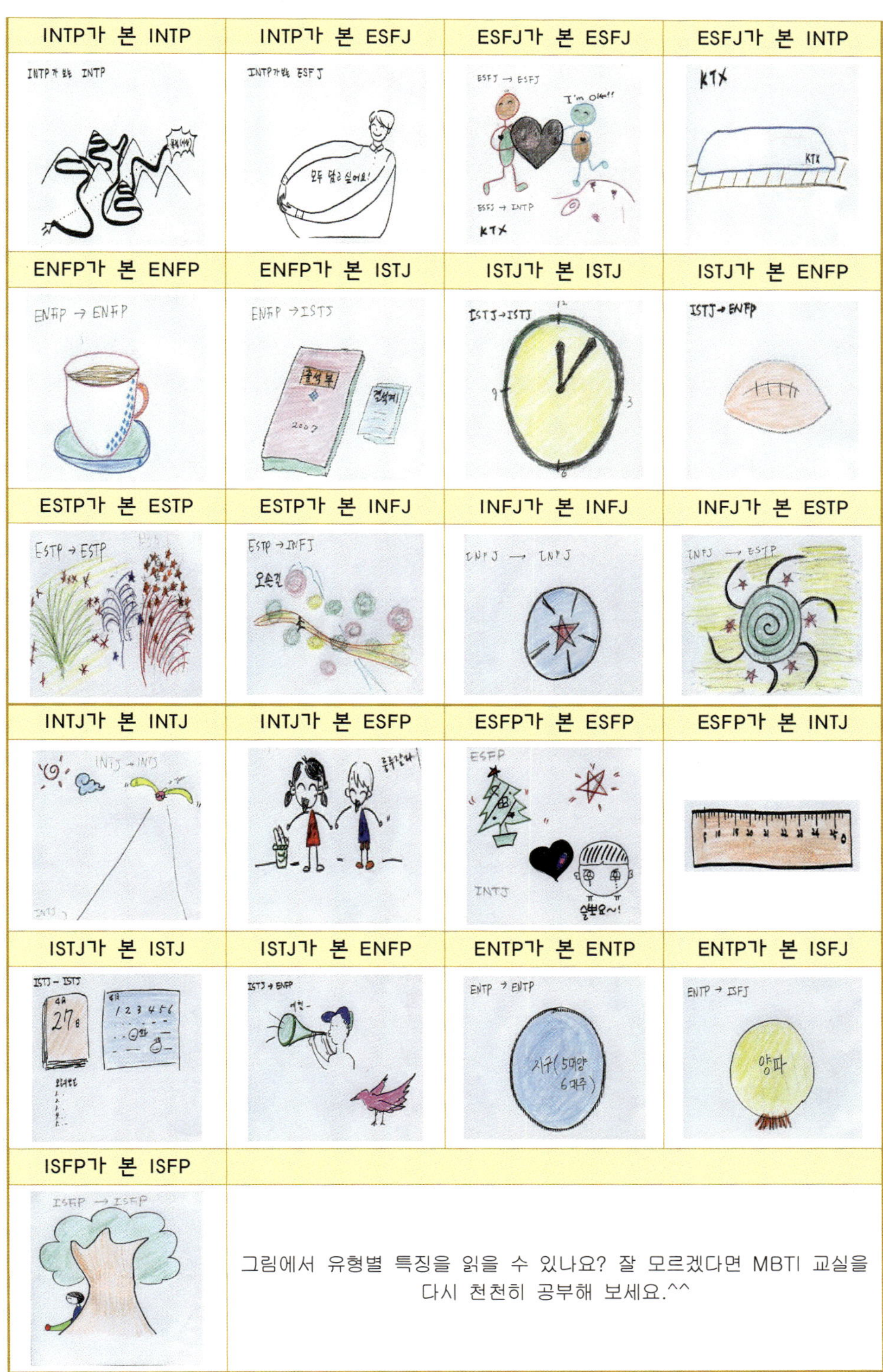

그림에서 유형별 특징을 읽을 수 있나요? 잘 모르겠다면 MBTI 교실을 다시 천천히 공부해 보세요.^^

9. 기도로 알아보는 유형별 특징

ESFJ

주여! 저에게 인내를 주소서. 그런데 이왕 주시려거든 지금 당장 주십시오.

INFJ

주여! 제가 완벽주의자가 안 되도록 도와주소서. 그 전에 지금 제가 철자를 제대로 쓰기는 썼나요?

INFP

주여! 제가 시작한 일은 반드시 끝낼 수 있도록 도와주소서. 그리고…….

ENFP

주여! 제가 한 번에 한 가지 일(우왕! 저기 새 봐라!)에 집중할 수 있도록 도와주소서.

ENFJ

주여! 제가 할 수 있는 것만 하고 나머지는 주께 맡길 수 있도록 도와주소서. 그런데 이것도 적어 놓아야겠지요?

INFJ

주여! 제가 다른 사람들의 아이디어에 대해서 마음을 열 수 있도록 도와주소서. 비록 그 생각들이 틀렸다고 할지라도…….

INFP

주여! 제가 너무 독립적이지 않도록 도와주소서. 허나 제 갈 길을 가도록 내버려 주시기를 바랍니다.

ENFP

주여! 제가 오늘은 계획된 대로 살게 하여 주십시오. (다시 잘 생각해 보니, 잠시 동안만 그렇게 해야겠어.)

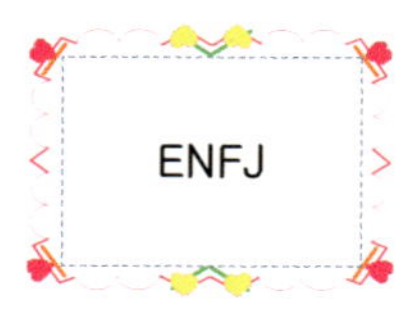

ENFJ

주여! 제가 하는 모든 것들이 급하지 않도록 도와주소서.

<출처 - KPTI 한국심리검사연구소 제공>

☆ 에니어그램 교실

1. 에니어그램 선행학습

1) 에니어그램 성격검사는 왜 필요 한가요?

한 사람을 이해하기 위해서는 그 사람의 성격, 태도, 행동, 가치관 등 여러 측면에서의 탐색이 필요하다. 그중에서 우리가 한 사람에 대해 평가하게 될 때는 '친절하다', '차갑다', '조용하고 내성적이다', '긍정적이고 밝다', '부드럽다' 등 성격적인 측면에서 하게 되는 경우가 많다. 그만큼 한 사람을 이해하고 탐색하는 데 성격적인 측면이 중요하다는 것이다. 이러한 인간의 성격에 대해 올바르게 이해하기 위해서는 경험에 의한 주관적인 판단과 평가도 중요하지만 객관적인 자료를 제공해 줄 수 있는 성격검사를 통한 구체적이고 정확한 정보도 필요하다. 이러한 객관적인 검사는 자신을 정확하게 이해하고, 내면을 탐색하며 성찰하는 데 도움을 줄 뿐 아니라 더 나아가 타인을 이해하고, 나와는 다른 개인들의 차이를 인정하게 됨으로써 조화롭고 원만한 인간관계 형성에 도움을 줄 수 있다. 결국 주관적 자아와 객관적 자아의 조화로운 탐색과 성찰로 건강하고, 성숙된 자아를 바탕으로 한 발전적인 생활을 영위할 수 있게 될 것이다. 따라서 자아정체감을 확립해 나가는 청소년들에게 자기 개념을 구성하고 자아탐색의 기회를 제공하기 위한 성격검사의 실시는 매우 필요한 일이라 하겠다. 청소년들이 이 기회를 통해 자기를 이해하고, 타인을 이해하며, 대인관계를 개선하여 건강한 성격을 형성해 나갈 수 있도록 기회를 제공하고, 나아가서는 이를 교사의 학생에 대한 이해와 대상별 접근에 대한 방법적 고찰의 기회제공, 더 나아가서는 교육 및 상담에 적극적으로 활용할 수 있도록 도움 주는 일이 필요하다 하겠다. 이러한 필요와 요구를 충족시켜 주는 데 에니어그램은 많은 역할을 해낼 수 있으리라 믿는다.

2) 에니어그램 성격 검사는 왜 할까요?

- 인간에 대한 이해로 관계적인 측면을 개선시킬 수 있다.
- 자기 성찰을 통한 마음의 안정과 평화를 경험할 수 있다.
- 다름을 인정하게 됨으로써 타인의 행동에 대한 이해를 높일 수 있다.
- 객관적인 자아에 대한 자료를 제공함으로써 자신에 대한 이해를 높일 수 있다.
- 내적 탐색을 통해 자신의 긍정성과 잠재력을 찾게 되어 삶에 대한 자신감을 가질 수 있다.
- 아홉 가지 성격을 균형 있게 발전시키고 통합시켜 나감으로써 욕심을 버리고 집착에서 해방될 수 있다.
- 현재의 자신을 발견하고, 자신이 나아갈 방향을 찾게 됨으로써 자기를 이해하고 자기 변형을 통한 발전하는 삶을 영위할 수 있다.

3) 에니어그램 역사를 살펴볼까요?

약 4,500년 전 중동지방에서 발생한 고대의 지혜를 바탕으로 1900년대 초 구르지예프의 가르침으로 시작된 에니어그램은 고대의 지혜와 현대의 심리학이 결합된 것이다. 그리스어에서 어원을 찾을 수 있는 에니어그램은 아홉을 뜻하는 에니어(Ennea)와 점(Point) 또는, 그림을 뜻하는 그라모스(grammos)에서 나온 그램(gram)이 합해진 것으로 '아홉 개의 점을 갖는 그림'이라는 뜻을 가지고 있다(이은하 저, 『에니어그램 심리역동검사』).

4) 에니어그램 도형은 무엇을 의미할까요?

① 원

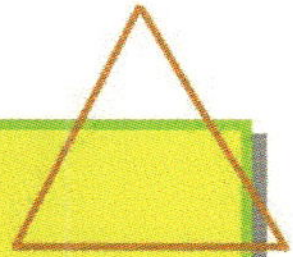

- 충만함, 원만함
- 인간이 도달하고 싶어하는 이상향
- 성격의 완성, 영혼의 완성
- 본질과 현상의 모든 것의 통합 의미
- 인간은 완전함을 추구하는 온전한 존재를 의미

② 삼각형

- 안정과 균형
- 만물의 구성
- 조화로움과 균형
- 현상의 균형을 통해 본질과의 일치를 지향하는 인간의 바램 상징
- 감정과 사고와 행동이 조화되고 균형된 삶의 추구

③ 헥사드

- 상호작용
- 성장의 흐름
- 변화와 역동성
- 정지되어 있지 않고 변한다는 것을 의미
- 인간 세계의 여러 가지 움직임을 보여주고 있는 좌우대칭적인 선

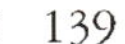

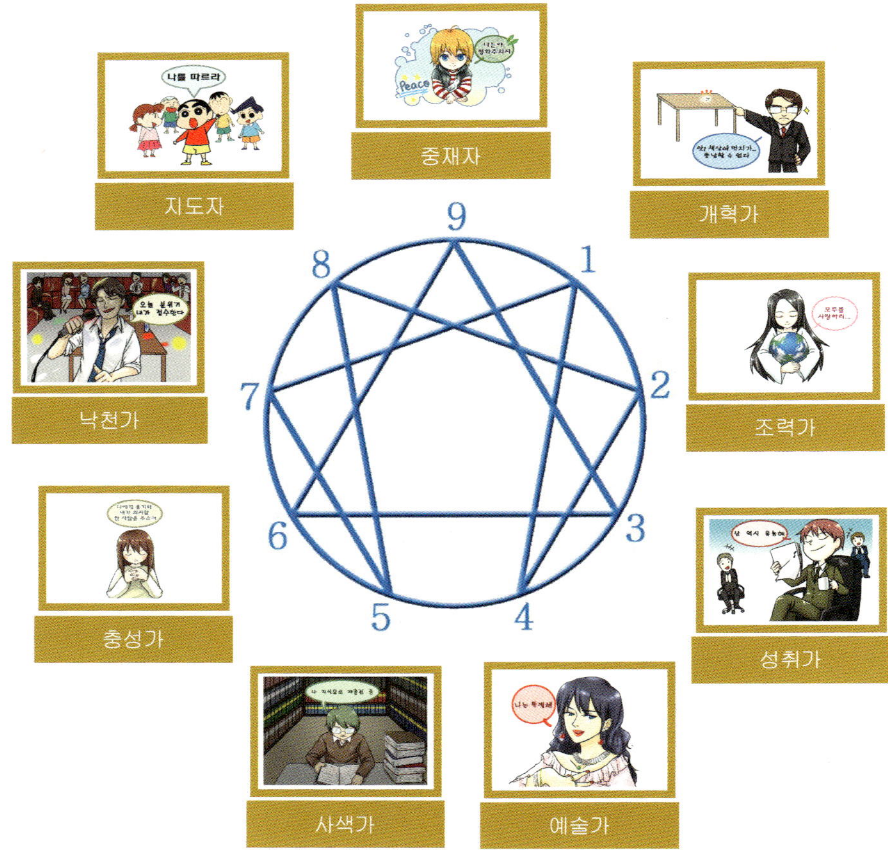

<에니어그램 도형 이해>

5) 나의 에니어그램 유형 알기

① 개혁가

순	내용	확인
1	남에게 나의 결점을 보이고 싶지 않다.	
2	모든 것이 깔끔하게 정리되어 있지 않으면 짜증이 날 때가 자주 있다.	
3	소득 없는 대화나 일상적인 이야기로 시간 낭비하는 것을 싫어한다.	
4	주위 사람들에게 일을 잘 못한다고 나무라는 경우가 종종 있다.	
5	남의 실수를 잘 받아들이지 못한다.	
6	쉬고 있으면 마음이 왠지 불안하다.	
7	자기 자신만의 평가 기준으로 자신과 남들을 평가하고 비판한다.	
8	안 해도 될 걱정을 많이 하는 편이다.	
9	모든 일에 솔직하고 정직하고자 한다.	
10	거짓말이나 속임수 등 정도에 벗어나는 일은 하고 싶지 않다.	
11	정확한 것이 중요하다.	
12	해야 할 일이 많은데 시간이 부족해 항상 조급해진다.	
계		

② 조력가

순	내용	확인
1	나를 의지하고 기대는 사람이 많다.	
2	다른 사람 돕는 것을 좋아한다.	
3	항상 타인에게 필요한 존재가 되고 싶다.	
4	따뜻하고 친절하다는 말을 종종 듣는다.	
5	상대방에게 긍정적인 피드백을 많이 주어 기쁘게 할 줄 안다.	
6	좋든 싫든 상관없이 자기 주위에 있는 사람들을 신경 쓰고 돌봐 주곤 한다.	
7	누군가의 부탁을 잘 거절하지 못한다.	
8	사람들이 나를 의지하는 것은 기쁘지만 무거운 짐으로 느껴질 때도 있다.	
9	남을 먼저 돕느라 정작 자신의 일은 뒤로 미루기 십상이다.	
10	남을 위해 한 일인데도 고맙다는 말을 못 듣는 일이 종종 있다.	
11	항상 누군가의 곁에 있다는 사실을 느끼고 싶다.	
12	도와준 일에 대해 '고맙다'는 말을 듣게 되면 기분이 좋아진다.	
계		

③ 성취가

순	내　용	확인
1	항상 무엇인가 하고 있을 때 마음이 편하다.	
2	동료들과 함께 일하는 것을 좋아한다.	
3	일에 관해서는 정확하고 전문가가 되고 싶다.	
4	목표 달성을 위해서는 조직적이고 효율적인 대처가 중요하다고 생각한다.	
5	자신은 항상 성공적으로 일을 해낸다.	
6	상황 목표를 명확히 설정하고 성과를 거두기 위해 해야 할 일을 잘 알고 있다.	
7	자신의 목표 달성 여부를 체크해 나가는 것을 좋아한다.	
8	능력 있다는 소리를 종종 듣는다.	
9	다른 사람들에게 성공적인 모습으로 평가받고자 한다.	
10	목표를 달성하기 위해 때로는 상대방에 맞춰 타협한다.	
10	과거의 실패나 잘못보다는 성공한 일을 생각하기 좋아한다.	
11	자신이 하고 있는 일에 대해 다른 사람이 부정적으로 말하면 정말 싫다.	
계		

④ 예술가

순	내　용	확인
1	많은 사람들이 인생의 아름다움이 무엇인지 모르는 것 같다.	
2	예술이나 미적 표현은 자신의 감정을 표현하는 수단으로 대단히 중요하다.	
3	감정 표현이 풍부하다.	
4	나의 감정과 느낌을 다른 사람들은 이해하지 못한다.	
5	감정의 기복이 심하지만 오히려 이런 것에 생동감을 느낀다.	
6	항상 예의 바르고 품위를 유지하고 싶다.	
7	주위 분위기를 중요하게 여긴다.	
8	나는 인생이라는 무대 위에서 연기를 하며 살고 있는 것 같다.	
9	나는 남들과 다른 뭔가 특별한 것을 추구하고 싶다.	
10	자신을 평범한 사람이라고는 생각하고 싶지 않다.	
11	상실, 죽음, 고통 등을 생각하면 마음이 우울해진다.	
12	독특한 의상을 입는다는 평가를 종종 듣는다.	
계		

 한눈에 쏙 들어오는 쉽고 재미있는 상담교실

⑤ 사색가

순	내 용	확인
1	자신의 감정을 제대로 표현하지 못한다.	
2	지적인 호기심이 많다.	
3	사물을 종합적으로 보거나 여러 의견들을 하나로 모으고 정리하는 것을 잘 한다.	
4	책 읽는 것을 좋아한다.	
5	생각하는 데 많은 시간을 쓴다.	
6	다른 사람에게 부탁하는 일을 잘 못한다.	
7	어떤 일에 직접 뛰어들기 전에 남들이 하는 것을 관찰하는 경향이 있다.	
8	혼자 있는 시간을 좋아한다.	
9	비교적 침착한 편이다.	
10	자기가 먼저 다른 사람들에게 다가가 말을 걸지 못한다.	
11	문제가 생기면 스스로 해결하는 편이 마음 편하다.	
12	내성적이고 사교적이지 못한 편이다.	
계		

⑥ 충성가

순	내 용	확인
1	어떤 분야의 권위자가 옆에 있으면 마음이 쓰인다.	
2	의심이 많은 편이다.	
3	일하는 데 명확한 지침이 있으면 마음 편하다.	
4	항상 주의 깊게 위험을 경계한다.	
5	가끔은 너무 진지하게 생각한다.	
6	무엇인가 잘못된 것은 없는지 항상 걱정한다.	
7	비판을 자신에 대한 공격이라고 느낄 때가 종종 있다.	
8	별것 아닌 것에 걱정을 많이 한다.	
10	이해심 많고 충실하다는 말을 종종 듣는다.	
11	예측할 수 있는 일을 좋아한다.	
12	규칙을 아주 잘 지키거나 아니면 아예 무시한다.	
13	어떤 일에 대한 나의 결정을 확신할 수 없다.	
계		

⑦ 낙천가

순	내　　　　용	확인
1	즐거운 것을 좋아한다.	
2	긍정적으로 생각하는 편이다.	
3	다른 사람들도 나처럼 밝은 마음을 갖고 있으면 좋겠다.	
4	다른 사람들의 생각이나 평가에 별로 신경 쓰지 않는다.	
5	삶의 어두운 부분에 대해서는 생각하기 싫다.	
6	만나는 사람에게 적대감을 느끼는 적은 별로 없다.	
7	즐겁고 재미있는 대화를 나누는 것이 좋다.	
8	항상 밝고 명랑하다.	
9	노는 장소에서는 언제나 뒤지고 싶지 않다.	
10	고통을 만난다는 것은 상상하기도 싫다.	
11	때로는 생각이 없어 보인다는 말을 듣는다.	
12	슬픈 일은 빨리 잊어버리려고 한다.	
계		

⑧ 지도자

순	내　　　　용	확인
1	자신이 필요로 하는 것을 얻기 위해 때로는 싸우기도 한다.	
2	타인에 대한 도전을 용납할 수 없다.	
3	설사 나한테 문제가 있어도 남들이 이러쿵저러쿵 지적하면 고치기 싫다.	
4	사람들과 대결하는 것을 두려워하지 않으며 실제로도 자주 대결한다.	
5	어떤 모임에서든 내가 주도하고 싶다.	
6	공격적이고 자기주장이 강하다.	
7	누군가의 지시를 따른다는 것은 있을 수 없는 일이다.	
8	친절, 상냥함, 따뜻함 등을 표현하는 것은 어려운 일이다.	
9	도전할 대상이 있어야 힘이 솟는다.	
10	나에게 의리나 도덕은 중요한 일이다.	
11	나를 믿고 따르는 사람을 보호할 줄 안다.	
12	나는 대체적으로 단순한 편이다.	
계		

⑨ 중재자

순	내　용	확인
1	지나치게 열정적인 사람들을 보면 이해가 안 된다.	
2	일상적으로 나는 평온한 상태에 있다.	
3	아무것도 하지 않을 때가 제일 좋다.	
4	나는 대체적으로 느긋한 편이다.	
5	내 주장을 강하게 펴지 않는다.	
6	나는 평화로운 분위기를 좋아한다.	
7	흥분하는 일은 그다지 없다.	
8	하고 있는 일을 내일로 미루는 것은 쉬운 일이다.	
9	다른 사람들에 대해 포용적이다.	
10	일이 복잡해지는 것은 싫다.	
11	사람들과의 좋은 관계를 유지하는 것은 중요하다.	
12	나는 감정에 좌우되지 않는 공정한 중재자이다.	
계		

성격유형 채점해 봐요

기록해 봅시다

힘의 중심	가슴			머리			장		
번호	2	3	4	5	6	7	8	9	1
합계									
순위									

나의 최종 성격유형은

나의 기본 성격유형		힘의 중심	
나의 날개		나의 분열, 통합방향	

2. 나의 힘을 찾아서

정신분석의 대가 프로이트는 인간이 직면하게 되는 불안을 극복하고, 그 불안에 압도되지 않도록 하기 위해 무의식적으로 자기방어를 위한 기제를 사용하며, 그것은 삶을 파국으로 치닫게 할 수 있다고 하였다. 이렇듯 인간은 의식적, 무의식적, 또 직접적, 간접적으로 자신에게 닥친 불안이나 스트레스 상황 또는 사회생활이나 일상생활 속에서 취하는 행동 패턴이 다 다르며 그것은 각자가 취하는 에너지의 원천이 다르기 때문인 것으로 보인다. 따라서 우리는 자신의 에너지가 어디에서 기인하는지를 알게 됨으로써 자신이 취하는 행동패턴, 생활양식을 알게 되고, 더 나아가 지금의 나로부터 조화되고 통합된 건강한 욕구를 일으킬 수 있는 힘을 얻게 된다. 일상생활을 하면서 자신이 에너지를 얻게 되는 중심이 되는 타고난 기질이며, 에니어그램에서 아홉 가지 성격유형의 근간을 이루고 있는 장, 가슴, 머리 중심을 살펴보고 그 특징을 이해하게 될 것이다.

여러 가지	장	가슴	머리
힘의 원천	행동	감정	사고
추구하는 것	독립성	타인의 사랑	안전함
내재된 감정	분노, 공격	수치심, 불안	공포
의사소통방식	단호하고 결론적	따뜻하고 정서적	논리적이고 사무적
의사결정기준	당연, 의무, 원칙	관여된 사람	논리, 이성
부호화	마침표가 많은 사람	느낌표가 많은 사람	물음표가 많은 사람
관심사	자신, 힘, 현재, 도덕, 원칙, 의무, 저항과 통제	인간, 상징, 과거, 타인의 사랑, 관심, 공감	논리, 자료, 미래, 전략, 수수께끼
인상	단호한 눈빛 도전적 안색	매력적인 미소 온화한 표정	부끄러운 듯 보임 소심해 보임
성격	현재를 중시하며 현실적이고, 실제적이다. 사고보다는 행동이 앞서고, 명령받고 통제 당하는 것을 싫어한다. 다소 본능적이고 적대적이다.	사교적이고 사회적 교류를 좋아한다. 다른 사람들에게 보여 지는 자신의 모습을 중요하게 생각하고 지나간 시간에 대한 미련이 많다. 인간 중심이다.	지나간 시간이나 현재보다는 미래를 생각한다. 사고 중심적이며 대체적으로 객관적이고 논리적이다. 지식을 추구하며, 불안감과 두려움으로 걱정이 많다.

 쉽고 재미있는 상담교실

1) 장 중심(8, 9, 1번)

배 중심의 사람들로서 Behavior system이 발달하였다. 모두가 그런 것은 아니지만 이들은 대체적으로 골격이 뚜렷하고, 단호한 눈매와 다소 도전적인 표정을 갖고 있어 진지해 보이고, 강해 보이며, 마치 저항하는 것 같아 보이기도 한다. 하복부(장)와 소화기 계통이 발달하였으며 본능과 습관을 관장하는 두뇌가 발달한 사람들이다. 이들이 그들의 의지와는 관계없이 다른 사람들에게는 쉽게 다가가 접근하기 어려운 인상을 가진 사람으로 평가되고, 권위적이며 두려운 대상으로 여겨지기도 한다. 이들에게 있어서는 힘이 관건이며 세상을 전쟁터로 생각하여 자기중심적인 성향을 나타내고, 적대적이며, 남에게 좌우되거나 지배받는 것을 거부한다. 에너지의 중심을 행동에 두고 있으며 현재에 대해 관심이 많고, 세상에 대항하는 것으로서 자신들의 존재감을 얻고자 한다. 힘, 정의, 자신의 존재 등에 관심이 많은 이들은 현실을 조정하고 통제하는 일을 잘하며 상황에 적응하거나 개인의 감정, 인간존중이나 공적인 인상을 고려하기보다는 당연과 원리·원칙, 규율, 질서 등에 따른 의사 결정 방식을 선택하여 객관적이고 원칙적인 일 또는 상황 처리에 능하다. 이들은 '의지와 힘'에 관심을 두고 자기가 이루고 싶은 '일'에 에너지를 집중한다. 그 일을 추진함에 있어서 독립심을 보이며 자기주장이 분명하고 확실한 자기표현을 하는 사람들이 많아 보인다. 청각과 후각이 발달한 것이 이들의 특징이며, 그래서인지 음악을 듣거나 향기를 좋아하는 사람들이 많다. 이들은 어려운 상황이 닥쳤을 때 죽는다는 생각보다는 어떻게 하든 살아남겠다는 삶에 대한 의지가 강하여 다소 과격해 보일지라도 행동으로 옮기는 편이며, 일상생활에서도 표현이 강한 편이다. 화끈하며 객관적이고 추진력 있게 일을 해낸다. 이들의 특징을 다시 한 번 정리하면 다음과 같다.

☆ 현재 중심이며 현실적이다.
☆ 본능과 습관에 따라 행동한다.
☆ 이들의 압도적인 감정은 '분노'이다.
☆ 살고자 하는 의욕이 강하며 지배욕이 강하다.

☆ 자신이 이루고 싶은 '일'에 에너지를 집중한다.
☆ 힘이 관건이며 남에게 좌우되는 것을 싫어한다.

2) 가슴 중심(2번, 3번, 4번)

가슴 중심의 사람들로서 Emotion system이 발달하였다. 모두가 그런 것은 아니지만 이들은 대체적으로 둥글둥글한 체격이 특징이며, 미소 띤 얼굴은 부드러워 보인다. 처음 만나는 사람들에게 편안한 인상을 주며 따뜻함을 느끼기에 충분할 만큼 친절하다. 이들은 과거에 대한 관심이 높으며 의사를 결정하거나 상황을 파악하는 방식에서도 관계된 타인을 생각하고 감정적인 대응을 한다. 인간을 존중하고, 그들의 이야기 주제에는 남들에 대한 관심으로 우정과 친밀함, 대인관계에 대한 것이 많다. 따라서 이들은 자신과 가까운 사람에게 불리한 어떤 결정을 내리는 것을 어려워하며 자신의 결정에 영향을 받는 사람이 누구인가에 따라 결정을 하려 한다. 이야기를 나눌 때 손뼉을 치며 맞장구를 잘 치고, 옆 사람을 치면서 웃거나 얼싸안고 팔짱을 끼고 걷기 좋아하는 이들 중에는 촉각과 미각이 발달한 사람이 많다.

또한 이들은 권위와 이미지에 관심이 많으며 '나는 누구인가?'에 대한 정체성은 이들에게 중요한 주제이다. 이렇듯 가슴 중심의 사람들은 권위와 이미지 또는 체면 등을 중요시하여 페르소나(공적인 얼굴)에 집중하다 보니 때로는 보이는 모습과 진짜 자신의 모습이 달라 혼란을 겪기도 한다. 감정표현이 풍부하여 이들의 말 속에는 감탄문과 느낌표가 많은 것이 특징이다. 이들이 이렇듯 이미지와 체면 그리고 권위를 중요시하는 것은 어쩌면 이들 내부에 '불안'과 '수치심'이라는 감정이 숨어 있기 때문일지도 모른다. 이들은 혼자 있으면 불안을 느끼고 사람들과 함께하며 어울릴 때 비로소 그들의 존재감을 느낀다. 가슴 중심의 사람들은 늘 사람들과의 관계 속에서 자신의 존재감이나 정체성을 찾으며 그러한 자신의 정체성이 인정받지 못할 경우 화를 잘 내지 않고, 늘 온화하고 부드럽던 그들이 평소와 달리 과도하게 화를 내며, 화를 억누르는 행동을 해 사람들을 놀라게 하기도 한다. 반면 자신을 인정해 주고 칭찬해 주면 에너

 한눈에 쏙 들어오는 쉽고 재미있는 상담교실

지를 얻는다. 이들의 특징을 다시 한 번 정리하면 다음과 같다.

  ☆ 칭찬에 약하다.
  ☆ 과거 중심이며 주관적이다.
  ☆ 인간을 존중하고 관계 중심적이다.
  ☆ '불안'이 이들의 지배적인 정서이다.
  ☆ 정서와 감정을 가장 중요하게 생각한다.
  ☆ 다른 사람들이 자신을 어떻게 보고 평가하는가에 대해 관심이 많다.

3) 머리 중심(5번, 6번, 7번)

머리 중심의 사람들로서 Thinking system이 발달하였다. 모두가 그런 것은 아니지만 이들은 대체적으로 호리호리하고 마른 몸매의 사람들이 많은 편이다. 이들은 그들의 빈약한 근육발달과 허약함 그리고 가냘픔의 특징만큼 부끄러움을 많이 타며 소심하고 소극적이다. 그들은 일을 처리하거나 상황 파악을 할 때 관찰, 분석, 비교, 대조의 사고과정을 사용하고, 어떤 일을 결정할 때 자신들의 결정이 논리적이고 이성적이며 타당한 것인지 마음을 쓴다. 즉 자신이 속한 단체나 권위자에게 받아들여질 수 있는지에 마음을 쓴다. 긴장하고, 억제되고, 내성적이고, 무관심할 수 있으나 이들은 공동체나 집단에서 감정적, 심리적 또는 영적인 지원을 얻기 위해 의지한다. 행동하기 전에 먼저 생각하는 신중함이 있으며, 객관적이고, 논리적인 것에 관심이 많다. 사고와 사유, 논리와 판단과 관계된 뇌가 발달하여 심사숙고형의 사람들이 많다. 첫눈에 호감이 가는 편은 아니며, 지나치게 생각이 많다. 에너지의 중심이 사고에 있으며 행동하기 전에 생각을 하는 편이다. 또한 머리 중심의 사람들은 미래지향적이며, 장황한 설명을 싫어하고 간략한 것을 선호한다. 이들은 상황을 전반적으로 파악하는 것을 선호하며, 내용을 추리해 보고, 전략적으로 분석해 볼 수 있는 영화를 즐긴다. 시각에 강한 그들은 책 읽는 것을 좋아해서 논리적이고 사고적인 특징을 잘 나타내고 있다.

이들의 특징을 다시 한 번 정리하면 다음과 같다.

☆ 미래지향적이고 객관적이다.
☆ 전략과 신념을 중요하게 여긴다.
☆ 객관적 이치, 논리적인 것을 선호한다.
☆ 행동하기 전에 생각을 먼저 하는 편이다.
☆ '관계'보다는 해야 할 '일'에 관심을 둔다.
☆ '두려움'과 '공포'가 이들의 지배적인 정서이다.

4) 활동으로 살펴보는 힘의 중심별 특징

'에니어그램을 통한 자기 탐색 시간'을 진행하다 보면 힘의 중심별로 나타나는 특징들을 직접 경험해 볼 수 있다. 2008년 7월 충남 학생상담자원봉사자 심화 연수(60명), 2009년 1월 충남 교사 직무연수(80명), 2009년 2월 충남 학생상담자원봉사자 신규 기초 교육(100명)에서 에니어그램을 강의하며, 힘의 중심별로 활동했던 자료를 토대로 그 특징의 차이를 쉽게 살펴보고자 한다. 각 유형별로 대표적인 특징이 될 수 있는 내용들을 뽑아 정리한 것이다.

① 내가 투숙하고 있는 호텔에 갑자기 불이 난다면?

장 중심	가슴 중심	머리 중심
▪ 안전한 장소로 대피한다. ▪ 구조요청을 한다. ▪ 일단 움직이고 본다. ▪ 수건에 물을 묻힌 뒤 저자세로"불이야."외치며 도망간다. ▪ 화상을 입느냐, 뛰어내려 골절을 당하느냐 고민하다 차라리 죽자 하고 뛰어내린다. ▪ 옥상으로 올라간다. ▪ 옷을 벗어 불을 끈다. ▪ 무조건 빨리 밖으로 나간다. ▪ 핸드폰 가지고 도망간다. ▪ 물수건을 준비하여 밖으로 나간다. ▪ 살 수 있다면 아무것이나 다 한다.	▪ 가족을 다 챙겨서 대피한다. ▪ 119에 전화 먼저 하고 대피한다. ▪ 남편에게 연락한다. ▪ 내 의견을 제시하지만 타인의 의견에 따라 행동한다. ▪ 평소 친했던 사람들에게 전화를 한다. ▪ 가족에게 전화한다. ▪ 내 위치를 알린다. ▪ 사람들에게 '불'이 난 사실을 알리고 도망가게 한다. ▪ 어쩔 줄 몰라 당황한다. ▪ 가족이 다 있는지 확인부터 하고 도망간다. ▪ 소중한 사람들과의 추억을 기억한다.	▪ 상황을 판단한 뒤 탈출 방법을 모색한다. ▪ 119에 전화하고 가족에게 자신의 상황을 알린다. ▪ 큰 불인지 작은 불인지부터 파악한다. ▪ 몇 층 건물인지 확인한다. ▪ 신고부터 하고 탈출방법을 모색한다. ▪ 죽음을 생각한다. ▪ 옥상으로 피한다. ▪ 홀이불을 적셔 대피한다. (홀이불이 불에 잘 타지 않는다) ▪ 재산 분배를 생각한다. ▪ 불이 난 지점을 확인한다.
⇨ 일단 행동부터 한다. ⇨ 죽는다는 생각보다는 살겠다는 생각이 더 강하다 ⇨ 현장에 누군가와 함께 있다는 생각보다는 혼자라고 생각하는 경향이 있다.	⇨ 주위에 있는 사람들을 챙긴다. ⇨ 사람들에게 자신의 존재를 알린다. ⇨ 주위 사람들의 행동을 보고 따라 하는 경향이 있다.	⇨ 불의 근원지나 원인을 분석하려 하는 경향이 있다. ⇨ 판단, 파악, 분석이라는 단어를 많이 사용한다. ⇨ 구체적인 방법을 생각한다.

② 내가 유언을 남긴다면?

장 중심	가슴 중심	머리 중심
▪ 잘 살다 간다. ▪ 잘 살아라 ▪ ~를 부탁한다. ▪ 행복해라. ▪ 인생은 짧다. ▪ 후회할 일을 남기지 마라 ▪ 유언 없이 간다. ▪ 유골을 바다에 뿌려 달라. ▪ 화장해 달라. ▪ 배우자에게 재혼 당부 (나는 어차피 죽을 것이니 상관없다.) ▪ 장기 기증하고 간다.	▪ 여보, 미안해 ▪ ~야 사랑했다. ▪ 내가 죽고 나면 형제끼리 우애 있게 지내라. ▪ 불쌍한 사람을 도우며 살아라. ▪ 가족과 함께여서 행복했다. ▪ 너희를 사랑했고 잘못한 것이 있다면 나를 용서해 주길 바란다. ▪ 나를 위해 슬퍼하지 말기를 당부한다. ▪ 배우자에게 재혼 당부 (혼자 남겨질 배우자가 안쓰러워서) ▪ 우리 천국에서 꼭 다시 만나자.	▪ 배우자, 자식에게 돌아갈 재산을 정확하게 분배해 준다. (비율까지) ▪ 조금이나마 도움이 되길 바라며 보험증서를 준다. ▪ 법적 상속대로 하되 금연 등 어떤 조건을 내걸고 분배한다. ▪ 죽고 난 뒤 배우자의 재혼 문제에 대해 고려한 뒤 재산 상속자를 결정한다. (재혼하면 상속 안 함) ▪ 컴퓨터 유언 폴더를 만들고 비밀번호를 가르쳐 준다.
⇨ 유언이 짧고 굵다. ⇨ 훈계, 조언이 많다. ⇨ 현재 중심적이라 그런지 미래에 일어날 유언을 남기는 일 자체를 탐탁지 않게 생각한다.	⇨ 사랑이나 감사의 표현이 많다. ⇨ 유언한다는 것 자체에 가슴 아픔을 느낀다. ⇨ 관계적인 측면을 많이 고려한다.	⇨ 재산분배에 대한 생각을 미리 한다. ⇨ 경제적인 부분을 정리하고 싶어 한다. ⇨ 상황별로 유언을 준비하려 한다. ⇨ 자신이 죽은 뒤 생길 수 있는 분쟁을 미리 조정해 주고 가고자 한다.

③ 힘 중심별 시인 되어 보기

- '딱지치기'라는 동시의 마지막 구절을 만들어 봅시다. 내가 지금 친구들과 정말로 딱지치기를 하고 있다고 생각하며 감정을 몰입한 상태에서 진솔하게 만들어 봅시다.

장 중심	가슴 중심	머리 중심
· 억장이 무너진다. · 복수를 꿈꾼다. · 다음 기회를 노린다. · 포기하지 않는다. · 일단 규칙을 따른다. · 용납하지 않겠다. · 차라리 눈을 질끈 감아 버린다.	· 말로 표현할 수 없어 그냥 '아~ 아~' · 손이 꽉 쥐어진다. · 제발 넘어가지 마라. · 가슴 아프다. · 조용히 눈을 감는다. · 차마 볼 수가 없다.	· 쫄밋거려진다. · 얼음이 된다. · '안 돼!' 소리친다. · 호흡을 한다. · 폴짝 뛴다(딱지가 못 넘어가게). · 못 넘어가게 할 방법을 생각한다.
⇨ 다소 과격한 표현을 포함 ⇨ 정해진 원칙을 따른다. ⇨ 다음 기회를 반드시 도모한다.	⇨ 감정적인 부분이 많다. ⇨ 마음이 아프다는 표현이 많다. ⇨ 그러나 후사를 도모하지는 않는다.	⇨ 짧은 시간이지만 방법을 모색해 본다. ⇨ 구체적인 방법을 제시한다. ⇨ 답이 간단명료하다.

④ 힘의 중심 특징을 그림으로 나타내 봅시다

장 중심				
	벽창호, 말대꾸, 무능력, 반항 등에 화가 나고 열받는다.	평화를 사랑하며 마을의 평화를 지키는 비둘기 같다.	원칙과 규율을 지키며 정확하고 바르다.	완벽한 계획을 추구하고 힘찬 추진을 하지만 뒤끝이 있다.
가슴 중심				
	마음에 사랑을 품고 사람들에게 무지개 같은 존재이지만 정의도 생각하는 사람들임을 강조	자신이 타 들어감으로써 주위를 비추는 촛불처럼 많은 사람들에게 도움이 되는 존재이다.	갓 구워 낸 고구마처럼 뜨겁고 따뜻한 사람들이다.	언제나 주위 사람들과 함께 웃으며 걷고 싶은 걸어 다니는 사랑이다.
머리 중심				
	달리 표현하지 않아도 뇌를 상징하는 호두의 단면으로 자신들을 묘사할 수 있다.		태양과 같이 정열적이면서도 파란색의 냉철함과 이성이 어우러진 조화로운 사람들이다.	

3. 나의 유형을 찾아서

힘의 중심에서 발휘되는 세 방향의 에너지의 흐름과 타고난 기질적 욕구가 결합되어 그 사람의 기본적인 욕구를 알도록 한다. 분출, 발산(+)/몰두, 집중(−)/조절, 적응(+, −)이 에너지 흐름의 세 방향이다. 장, 머리, 가슴 각 중심별로 이 에너지의 흐름이 나타난다. 이러한 에너지에 바탕을 두고 기질적 욕구가 가장 강하게 나타나는 핵심적인 자신의 욕구, 타고난 자신의 기질적 욕구에 해당되는 것이 성격유형이다.

1) 유형별 특징 살펴 보아요

기본적으로 마음이 따뜻하고 친절하며 밝고 명랑하다. 따라서 자신보다는 주위 사람들을 먼저 생각할 줄 알고 돕는 것을 마다하지 않는다. 예리한 직감과 다양한 자기 모습을 가지고 있어 주위 사람들의 기분을 이해하고, 상대방에 따라 다른 모습을 연출해 상황에 적응하는 능력이 뛰어나다. 하지만 가끔은 타인의 욕구를 돌보기보다 자신의 욕구를 돌보며 자신이 좋아하는 일을 하고, 자신의 목소리를 냄으로써 스트레스가 쌓이지 않도록 해야 한다. 즉 타인의 도움을 필요로 하고 있는 자신을 자각하고 받아들일 필요가 있는 것이다.

힘의 중심	가슴 중심
기본적 두려움	사랑받을 가치가 없다.
기본 욕구	사랑 욕구: 사랑받고자 하며 필요한 사람이 되고자 한다.
장점	• 따뜻하고 친절하다. • 상대방의 기분을 잘 이해한다. • 칭찬과 지지를 잘한다. • 사교적이고 사람을 좋아한다. • 직관력이 뛰어나다. • 정이 많고 관대하다. • 열정적이다. • 부드럽고 너그럽다.
단점	• 지나치게 고분고분하다. • 지나치게 소유욕이 강하다. • 논리적이지 못하고 감정적이다. • 대놓고 말 못 하고 돌려 말한다. • 교만하다. • 사람을 조종한다. • 비위를 맞춘다. • 히스테리를 부린다.

조언

- 가끔 'NO'라고 말해 보세요.
- 감정을 배제하고 공과 사를 구분해 보세요.
- 소중한 나의 욕구와 필요도 있음을 기억하세요.
- 나의 부정적 감정도 소중해요. 표현해 보세요.

자기 생활을 희생하는 것에 개의치 않고 성공을 위해 노력한다. 일을 함에 있어서 효율을 중시하고, 목표를 향해 매진하며, 자신과 주변의 사기를 북돋운다. 일에서나 인간관계에 있어서 성공을 꿈꾸며 인생의 가치를 '성공이냐, 실패냐'에 두고 실적을 중시한다. 다른 사람들에게 당당하고 자신감 있으며 당찬 인상을 주고, '성공했다', '효율적으로 일한다', '성공적으로 일을 완수했다'는 평가에서 큰 만족을 얻는다. 때로는 성공에 매달리지 않고, 진실한 감정, 진실한 태도, 나와 남의 잠재력을 최대한 발휘할 수 있도록 하는 것에 관심을 가질 필요가 있다.

힘의 중심	가슴 중심	
기본적 두려움	타고난 재능이 없다.	
기본 욕구	성취 욕구: 가치 있고 성공한 사람이 되고자 한다.	
장점	• 자신감에 넘치고 활동적이다. • 효율적으로 일한다. • 리더십이 있다. • 분위기를 활기 있게 만든다.	• 긍정적이며 낙관적이다. • 에너지가 넘친다. • 실질적이다. • 근면하고 유능하다.
단점	• 자기도취적이다. • 자만하고 잘난 척한다. • 자기 이익만 추구한다. • 남을 이용한다.	• 허영심이 강하다. • 믿을 수 없다. • 책임감이 없다. • 지나치게 경쟁적이다.

- 표면적으로 드러나는 성공 너머에 있는 비전과 희망을 보세요.
- 헤드라이트를 낮추고 자신을 드러내세요.
- 지나친 경쟁심을 버리고 여유를 가져요.
- 자신의 실패를 인정하고 직시해요.

평범한 것을 싫어하고 자신은 특별한 사람이라고 자부한다. 행동에서 패션에 이르기까지 세련된 느낌을 추구한다. '나는 특별한 존재다.', '나는 감수성이 풍부하다.'라는 자기 모습에 만족을 느낀다. 사물이 가진 아름다움을 깊이 있게 볼 줄 알며 고독, 우울, 신비스러움과 관련된 감정이 풍부하다. 창조적인 의문과 시각이 남다르고 아름다운 것을 좋아하며 예술적인 면을 동경한다. 때로는 평범한 현실 속에서도 진주와 같은 귀중함이 있다는 것을 자각하고, 감정을 단련시키며, 건강한 현실감각을 가지는 것도 필요하다.

힘의 중심	가슴 중심
기본적 두려움	정체성이 없다.
기본 욕구	독특 욕구: 자기 자신을 드러내고자 한다.
장점	• 미적인 감각이 풍부하다. • 독창적이다. • 마음이 따뜻하고 인간미가 있다. • 내적 탐색을 잘 한다. • 감정이 풍부하고 단련되어 있다. • 세련미가 있다. • 개성 있다. • 직관이 발달되어 있다.
단점	• 지나치게 자의식이 강하다. • 우울해한다. • 의기소침해지고 움츠려든다. • 변덕스럽다. • 자기 기분에 좌우된다. • 질투심, 복수심이 강하다. • 현실에 발을 딛지 않고, 과거, 미래에 산다.

🌰 막연한 갈망을 도달할 수 있는 목표로 방향을 잡으세요.
🌰 특별한 것은 평범한 것과 공존하고 있음을 기억하세요.
🌰 과거에 집착하지 말고 현실에 발을 디뎌요.
🌰 감정에 빠져 있지 말고 그것을 통제해 보세요.

<table>
<tr><td>분석력과 통찰력이 뛰어나고 객관적이다. 현실을 파악하는 관찰력이 뛰어나지만 스스로 먼저 사람들에게 다가가 말을 거는 사교성이 부족하고 말이 적고 태도가 조심스럽다. 어리석은 판단을 내리는 것을 두려워하며 일을 시작할 때 정보를 수집해 상황을 정확하게 파악하려 한다. 지식에 대한 호기심이 많다. 지적이고, 객관적인 관찰자이며, 스스로 문제를 해결하려 한다. 또한 혼자만의 시간이나 공간에 관심을 두고 고독을 즐긴다. 사색가라 불릴 만큼 논리적으로 자기 생각을 전개하는 것을 좋아하고 즐겨한다. '지혜로운 사람', '현명한 사람'이라는 자신의 모습에 만족을 느낀다.</td></tr>
</table>

힘의 중심	머리 중심
기본적 두려움	자신이 가지고 있는 지식이 쓸모없다.
기본 욕구	전지(全知) 욕구: 유능하고 완전하게 알고 싶다.

장점	<ul><li>현명하다.</li><li>요약정리를 잘 한다.</li><li>자제력이 있다.</li><li>알아차리기를 잘 한다.</li></ul>	<ul><li>객관적이고 분석적이다.</li><li>끈기 있다.</li><li>혼자서도 잘 지낸다.</li><li>유머 있다.</li></ul>
단점	<ul><li>소극적이다.</li><li>고집이 세다.</li><li>인색하다.</li><li>비현실적이다.</li></ul>	<ul><li>지적으로 오만하다.</li><li>냉담하며 비판적이다.</li><li>부정적이다.</li><li>주변을 무시한다.</li></ul>

조언

- 내 속에 있는 감정의 소리에 관심을 가져요.
- 팔을 걷어 올리고 생각을 행동으로 옮겨 보아요.
- 자신의 시간과 지식을 다른 사람들과도 나누어 보세요.
- 나서서 말을 하고 주도성을 가져 보세요.

 한눈에 쏙 들어오는 쉽고 재미있는 상담교실

자기가 믿는 신념에 대한 충실성이 높다. 특히 전통이나 단체에 강한 충성심을 가지고 있으며, 공동체에 헌신적이고, 책임감이 강하다. 조직을 위해 협조적이고 믿음직스럽다. 책임감과 의무감이 강하며 약자에 대한 공감을 잘 한다. 안전에 대한 생각과 미래에 대한 계획을 중시하며 약속 이행에 대해 노력한다. '책임감 있다.', '충성스럽다.'라는 말에 큰 만족을 느낀다. 일을 진행할 때 안전하고, 성실하게 준비하지만 지나치게 꼼꼼하고 잔걱정이 많다. 또한 의심, 불안이 높고 어떤 일을 결정하는 데 있어서 쉽게 판단을 내리지 못하고 소심해진다. 때로는 불안과 의심을 버리고 자신에 대해 자신감과 확신으로 일을 결정하고 처리해야 할 필요가 있다.

힘의 중심	머리 중심	
기본적 두려움	도움, 안내받지 못한다.	
기본 욕구	안전 욕구: 안전한 것을 중요하게 여긴다.	
장점	• 믿을 수 있다. • 충실하다. • 따뜻하고 정이 많다. • 재치 있고 영리하다.	• 남들에게 호감을 준다. • 책임감이 강하다. • 헌신적이다. • 실질적이고 현실적이다.
단점	• 지나치게 경계심이 많다. • 의심이 많고 편집적이다. • 뒤에서 사람을 조종한다. • 예측할 수 없다.	• 비겁하다. • 비난하고 공격적이다. • 방어 자세를 취한다. • 남을 못살게 군다.

🥔 자신에 대한 자신감을 가지세요.
🥔 걱정만 하지 말고 행동으로 옮기세요.
🥔 나의 권위는 내부에서 나오는 것임을 기억하세요.
🥔 내 결정과 확신에 대해 용기를 가지세요.

매사에 낙관적이고, 밝으며 명랑하고 쾌활하다. 체계나 어떤 계획에 따라 움직이기보다는 빠르게 움직이고, 생각하며, 상상하는 것을 선호한다. 상황에 대한 긍정적인 적응력이 뛰어나고, 창조적이고, 독창적인 아이디어가 많다. 열정과 모험심으로 즐거움, 흥미를 쫓으며 장기적인 계획과 실천은 힘들어한다. '항상 즐겁다', '유쾌하다'라는 말에 큰 만족을 느낀다. 주변에 좋아하는 사람들이 많이 있으며, 또 사람들에게 매력적인 사람이 되기 위해 노력한다. 그러나 때로는 현실에 닥친 어려움에 직면할 줄 알며 꾸준히 자기 생각, 계획에 흔들림 없이 일을 해내고자 하는 의지가 필요하다.

힘의 중심	머리 중심	
기본적 두려움	삶이 고통스럽다.	
기본 욕구	행복 욕구: 즐겁고 행복해지고 싶다.	
장점	• 호기심과 상상력이 풍부하다. • 다재다능하다. • 몸놀림과 사고가 민첩하다. • 매력적이다.	• 유쾌하다. • 열정적이다. • 자신감이 넘친다. • 자발적이다.
단점	• 자기도취에 빠진다. • 집중하지 못한다. • 주의 산만하다. • 자기 파괴적이다.	• 충동적이고 무책임하다. • 싫증을 잘 낸다. • 반항적이다. • 정신없다.

🥔 인내는 쓰지만 열매는 달다는 것을 기억하세요.
🥔 고통을 극복한 행복을 직접 경험해 보세요.
🥔 행동하기 전에 논리적으로 한 번 생각해 보세요.
🥔 행복은 내면적 작업임을 기억하세요.

강함을 추구하고 자기를 주장하며, 매사에 힘과 통제를 원한다. 강한 지도력을 발휘하기를 선호하며, 상황을 통제하는 지배력, 철저한 통제의식, 책임의식을 가지려고 노력한다. 누군가에 의해 이끌려 가거나 지시받기보다는 주도적으로 일을 해내며, 타인과 일을 통제하기를 원하고, 실천하는 사람들이다. 자신이 옳다고 믿는 것에 대해 전력을 다해 싸우며 용기와 힘이 넘친다. 거드름을 피우지 않고, 성실하며 약자를 옹호하고 보호하려 한다. '힘 있다', '할 수 있다'라는 말에 큰 만족을 느낀다. 자신의 힘을 발휘할 수 있는 상황을 확보하는 능력도 갖추고 있다. 때로는 도전적이다. 지배적이라는 이미지 대신 타인을 배려하고, 관계적인 측면을 살피는 따뜻하고, 부드러운 사람의 이미지를 심어 줄 필요도 있다.

힘의 중심	장 중심	
기본적 두려움	내가 통제를 당한다.	
기본 욕구	힘의 욕구: 나를 보호하고, 힘 있는 사람이고 싶다.	
장점	• 허세를 부리지 않고 솔직하다. • 약자를 잘 보호해 준다. • 자신감이 넘친다. • 힘차고 현실적이다.	• 권위가 있다. • 든든하고 믿음직하다. • 자신이 책임진다. • 의리를 잘 지킨다.
단점	• 복수심이 강하다. • 지배적이다. • 파괴적이고 폭력적이다. • 억지를 부린다.	• 무뚝뚝하고 둔감하다. • 약한 사람을 괴롭힌다. • 공격적이고 반항적이다. • 방탕하다.

🥔 부드러움이야말로 진정한 힘이라는 것을 믿어 보세요.
🥔 다른 사람들에게도 감정이 있음을 기억하세요.
🥔 지나치게 강한 것은 꺾일 수 있음을 기억하세요.
🥔 화가 날 때 잠시 자리를 옮겨 감정을 가라앉힌 뒤 이야기하세요.

평화주의자로서 갈등이나 긴장을 피하고, 자신의 내면이 혼란스러워지는 것을 싫어한다. 편견이 없고, 다른 사람들의 기분을 이해할 줄 알기 때문에 타인의 고민을 경청하고 공감하는 능력이 있다. '안정감', '조화'로 넘쳐 있는 상태에 큰 만족을 느끼며 조화와 평화를 위해 매사에 원만함과 협력을 추구한다. 일과 사람에 대한 수용력이 넓으며, 갈등이 일어나는 것을 피함으로써 사람들을 편안하게 한다. 자신의 의견보다는 남의 의견을 받아들이고, 여유가 있고, 느긋한 편이다. 다른 사람들에게 쉽게 동화되어 그들의 영향을 받기 쉽지만 때로는 너무 오래 생각하거나 참고 자신의 의견을 포기하기보다는 자기 생각과 주장을 펼치는 노력이 필요하다.

힘의 중심	장 중심
기본적 두려움	연결을 잃어버린다.
기본 욕구	평화 욕구: 평화와 조화로움을 지키고 싶다.
장점	• 온순하다. • 붙임성이 있다. • 개방적이고 평화롭다. • 편견이 없다. • 수용적이다. • 인내심이 강하다. • 재미있다. • 따뜻함이 넘친다.
단점	• 소심하다. • 소극적이다. • 주장하지 못한다. • 책임감이 없다. • 옹고집을 부린다. • 수동적으로 공격한다. • 현실을 무시한다. • 무관심하고 둔하다.

- 작은 목표라도 세우고 성취감을 느껴 보세요.
- 데드라인을 정해 놓고 일을 하세요.
- 일의 우선순위를 정하고 하나씩 해 보세요.
- 제때의 한 바늘이 뒤의 아홉 바늘을 살린다는 것을 기억하세요.

매사에 꼼꼼하고 완벽을 추구한다. 스스로의 기준을 세우고 이상을 건설적인 자세로 추구하며 이를 위해 노력한다. 다른 사람들의 실수나 옳지 못한 행동에 화를 잘 내고, 자신도 실수하지 않으려고 노력하며 올바른 행동, 규칙 준수 등에 관심을 둔다. 인상이 깔끔한 편이며 자제하는 자세를 잃지 않는 이들은 '해야 한다'는 말을 자주 한다. '올바른 길을 걷고 있다', '정확하게 파악하고 있다'라는 생각에 큰 만족을 느낀다. 스스로 정해 놓은 기준, 목표가 높아서 자신을 칭찬하기보다는 비판하거나 만족이 없어 자기도 모르게 스트레스가 쌓여 갈 수 있다. 때로는 자신의 기준과 이상을 낮추고, 자신에게 여유와 편안함을 허락하며, 작은 것에도 인정과 칭찬을 해 줄 필요가 있다.

힘의 중심	장 중심	
기본적 두려움	부도덕하고 결함이 있다.	
기본 욕구	완전 욕구: 무엇이든지 완전하게 해내고 싶다.	
장점	▪ 도덕적이다. ▪ 공정하고 정직하다. ▪ 이성적이고 객관적이다. ▪ 최선을 다한다.	▪ 부지런하다. ▪ 정확하고 안정적이다. ▪ 참을성이 있다. ▪ 신뢰할 수 있다.
단점	▪ 융통성이 없고 경직되어 있다. ▪ 고집이 세다. ▪ 지나치게 꼼꼼하다. ▪ 자신과 남에게 비판적이다.	▪ 완고하고 깐깐하다. ▪ 흠 잡기를 좋아한다. ▪ 걱정이 많다. ▪ 거만하고 독선적이다.

🥔 기준과 이상을 낮춰 보세요.
🥔 마음의 여유를 가지고 현재를 즐겨 보세요.
🥔 서울로 가는 길에는 여러 가지 방법이 있음을 기억하세요.
🥔 유머로써 진지함을 넘겨 보세요.

2) 유형별 학생들 살펴 보아요

<table>
<tr><td>2번 조력가</td><td colspan="2">따뜻하고 친절한 학생들이에요.</td></tr>
</table>

2번에게 다가가기

- 적절한 스킨십 해 주기
- 선물과 같은 이벤트 해 주기
- 칭찬, 인정의 말을 자주 해 주기
- 그들의 도움에 기뻐하며 감사하기
- 사랑한다, 고맙다는 말을 자주 해 주기
- 그들의 문제에 관심을 보이며 반응하기
- 사람들 앞에서 그들을 무안하게 만들지 않기

2번 공부시키기

딱딱한 원리나 개념으로 다가가면 부담스러워하고, 공부에 대한 동기 유발이 어렵다. 오히려 이야기 형식으로 풀어 나가는 서술형 공부에 관심을 보일 수 있다. 개념이나 수식, 도표 등을 제시하는 것은 학습을 오히려 방해하는 요소가 될 수 있다. 서로의 경험과 감정을 공유하고 나눌 수 있는 환경에서 학습이 더 효과적일 수 있다. 따라서 혼자 하는 공부보다는 토론과 같이 함께 공부하는 것이 더 효과적이며, 대인관계의 기회가 주어지고, 타인에게서 행동에 대한 칭찬과 인정이 주어졌을 때 자신의 능력보다 더 많은 것을 해낼 수 있다. 공부하기 전 과목마다 좋아할 수 있는 것을 택해 마음을 열고 충분한 동기 유발을 시켜 주는 것이 필요하다. 그리고 이들이 해낸 결과에 대해 인정하고, 격려해 주면서 공부를 해 나가도록 하는 것이 필요하다.

직업적 궁합 보기

| (간호사) | (성직자) | (상담가) | (비서) | (요리사) |

➡ 도움을 주고 공감해 주며 지지가 요구되는 분야

3번에게 다가가기

- 성공과 성취를 인정해 주기
- 하겠다고 한 것은 반드시 지키기
- 한 일에 대해 진심으로 인정해 주기
- 구체적으로 피드백하고 칭찬해 주기
- 효율적인 일 처리 능력을 칭찬해 주기
- 열중하여 무엇인가를 할 때 기다려 주기
- 일이나 공부를 하고 있을 때는 내버려 두기

3번 공부시키기

목표를 세우고 성취감을 맛볼 수 있게 해 주는 것이 공부에 능률을 올리는 좋은 방법이다. 너무 큰 목표보다는 짧은 기간 동안 해낼 수 있는 목표를 세워 나누어 공부하면 성취감을 자주 맛볼 수 있으며, 탄력적인 공부를 해낼 수 있다. 그들이 해낸 결과에 대해 칭찬과 인정을 해 주면 공부에 대한 성취감을 맛보고, 학습에 대한 동기 유발이 될 수 있다. 적당한 경쟁을 통한 동기 유발도 이들에게는 자극제가 될 수 있으며, 보상을 정해 놓는다든지, 토큰강화와 같은 외적 강화물도 동기 유발이 될 수 있다. 또한 기본적인 이론, 개념보다 실용적인 경험 위주의 학습이 적합하다. 실제 사례에서 얻는 방법론들을 더 선호하며, 팀이나 조별 학습에서 더 많은 능력을 나타낼 수 있다. 요약하고 간단하게 결론 내리는 다소 스피디한 학습을 좋아한다. 그러나 숨은 의미나 꼼꼼한 부분을 놓치는 경우가 더러 있기 때문에 그 부분을 보완해 준다면 학습에 있어서 더 큰 효과를 얻을 수 있을 것이다.

직업적 궁합 보기

(세일즈맨)	(연기자)	(지도자)	(법조인)	(금융인)

➡ 목표를 구체적으로 알 수 있고 성과가 요구되는 분야

4번에게 다가가기

- 관심과 사랑을 표현해 주기
- 사교적이 되라고 부담 주지 않기
- 창의적인 아이디어를 받아들이기
- 까다롭고 예민한 부분을 인정해 주기
- 일을 아름답게 꾸미도록 허용해 주기
- 특별한 점과 재능을 알아주고 존중해 주기
- 도와주려 하기보다는 이심전심으로 공감해 주기

4번 공부시키기

학습 내용 자체가 자신에게 의미 있는 개인적이고 독특한 어떤 것이기를 바라는 경향이 있다. 왜 공부를 해야 하는지에 대한 의미나 필요성에 동기 부여가 되어야 하며 자신이 꼭 해야 할 일 대일 관계의 멋진 학습에 동기 부여가 되어야 한다. 개인적 가치 추구, 의미 추구에 있어서 독특함을 지니기 때문에 집단학습이나 팀별 토론보다는 동기 부여가 충분히 되었을 경우 혼자서 하는 것이 더 효과적일 수 있다. 개인교습이나 자기 주도적 학습이 적당하다. 즉 독립적이고 사적인 공간에서 자신의 취향, 만족할 수 있는 질적 수준을 가진 개인교수를 더 선호한다. 또한 막연한 갈망을 도달할 수 있는 목표로 방향 짓게 하는 것이 중요하다. 이상적인 아이디어를 현실성 있는 목표로 설정해 공부할 수 있도록 지도한다.

직업적 궁합 보기

(인테리어)

(디자이너)

(사진작가)

(배우)

(시인)

➡ 예술적이고 직관력을 필요로 하는 분야

5번에게 다가가기

- 침묵하고 있을 때 허용하기
- 사교적이 되도록 강요하지 않기
- 그들의 지성이나 재치에 칭찬해 주기
- 대화를 시도하고자 할 때 진지하게 접근하기
- 그들만의 시간과 공간을 존중해 주고 허용하기
- 질문을 할 땐 솔직하고, 정직하고, 정확하게 하기
- 그들의 인색함에 민감하게 반응하거나 화내지 않기

5번 공부시키기

원인과 결과가 정확하게 도출되는 추론 위주의 학습이 적합하다. 사적이고 개인적인 이야기를 드러내는 환경은 이들에게는 적절하지 못한 학습 환경이다. 질서 있고, 조직적이며 구조화된 수업을 좋아하며 상상력이 풍부하다. 감정적이고 대인관계를 통한 학습보다는 글로 쓰인 정보에 익숙하고, 스스로 문제를 해결하는 학습을 선호한다. 또한 한번 공부를 시작하면 몰두해서 쉽게 다른 주제로 넘어가기 어려운 경향이 있으므로 시간을 적절하게 배분하는 것도 필요하다. 다양한 과목을 좋아하기보다는 특정과목을 깊이 있게 공부하기 때문에 자신의 기준이나 시험 등에서 자신의 실력이 덜 발휘되기도 한다. 편중된 공부에서 벗어날 수 있도록 자신의 관심과 기준을 낮추고 골고루 공부할 수 있도록 격려한다. 한계를 정하고 시간계획을 세우는 것도 필요하다. 이들의 지적 호기심을 자극할 수 있는 문제로 동기를 부여해 주고, 그들의 뛰어난 관찰력과 이해력을 바탕으로 한 요약정리의 능력을 발휘하여 공부에 임할 수 있도록 격려한다면 그들을 자기 주도적 학습으로 이끄는 것이 그리 어렵지는 않을 것이다.

직업적 궁합 보기

(작가)   (컴퓨터전문가)   (과학자)   (학자)   (음악가)

➡ 지속적인 탐구, 지적 호기심을 발휘할 수 있는 분야

6번에게 다가가기

- 무조건적인 명령 내리지 말기
- 그들과의 약속은 반드시 지키기
- 그들의 공포나 불안을 비웃지 말기
- 그들의 선택에 대한 칭찬으로 자신감 주기
- 어떤 결정을 내리는데 재촉하지 말고 기다려 주기
- 어떤 일을 과장하거나 축소하지 말고 신의를 지키기
- 그들의 의심에 스트레스 받지 말고 확인해 볼 수 있는 시간 주기

6번 공부시키기

체계와 틀이 잘 짜여 있는 단위 위주의 학습이 효과적이다. 학습할 교재와 교육자에 대해 믿을 수 있다는 확신이 설 때 그들은 학습에 대한 동기 부여가 되며, 효과적인 학습을 할 수 있다. 이들은 자신이 배우게 될 사람이 어떤 사람인지, 어떤 자격을 갖추었는지, 공인된 사람인지에 대해 의심하게 되고, 불안해하며, 확인하고 싶어 한다. 그러나 일단 확인된 사람에 대해서는 확고한 믿음으로 학습에 임하고 배움을 받아들인다. 이것은 새로운 내용을 배울 때에도 마찬가지여서 내용이 제대로 파악될 때까지 꼼꼼하게 살펴보기를 좋아한다. 이들은 세밀한 틀을 만들고, 정확한 범위를 정해서 구체적이고, 확실한 목표를 설정해 학습할 때 능률이 오르고 효과적으로 공부할 수 있다.

직업적 궁합 보기

(직업군인)　　　(교사)　　　(과학자)　　　(법조인)　　　(의료서비스)

➡ 명확한 지침이 있고 분명한 결과를 도출할 수 있는 분야

활발하고 민첩한 학생들이에요.

7번에게 다가가기

- 재미있게 함께 놀아 주기
- 많은 선택권을 제공해 주기
- 낙천성에 대해 높이 평가해 주기
- 그들의 유머에 호응해 주고 기뻐해 주기
- 반복적인 일이나 스케줄을 강요하지 않기
- 부정적 피드백을 제공할 때 부드럽게 해 주기
- 새로운 것에 대한 독창적인 아이디어에 칭찬해 주기

7번 공부시키기

딱딱하고 틀에 박힌 구조화된 학습을 싫어한다. 다양한 정보를 빠른 시간에 이해하고 그것을 표현하고 나누는 방식의 멀티미디어 학습을 선호한다. 컴퓨터 수업, 현장 학습을 좋아하며 통찰력과 판타지 같은 마법을 좋아한다. 오랜 시간 한 장소에 앉아 있는 것이 힘들 수 있으므로 충분한 동기 부여가 될 수 있거나, 강화를 제공해 주며 전문적인 깊이가 있는 많은 분량의 학습보다는 옴니버스식의 짤막한 내용이 담겨 있는 다양한 지식을 제공하는 것이 효과적이다. 이들의 호기심과 새로운 것에 대한 관심을 일으킬 수 있는 열정적인 학습 분위기를 제공해 주고, 그런 분위기에서 배운 내용을 다른 사람들과 함께 나눌 수 있는 기회를 빨리 제공하는 것도 이들에게는 학습에 대한 동기 부여가 될 수 있다.

직업적 궁합 보기

   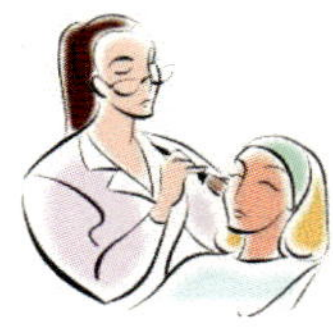 

(이벤트플래너)　(개그맨)　(사진작가)　(분장사)　(비행사)

 빠른 전환과 순발력이 요구되는 분야

8번에게 다가가기

- 변명하지 말고 잘못을 인정하기
- 흑백이 뚜렷한 말로 상황을 설명하기
- 주눅 들지 말고, 당당하고 부드럽게 나서기
- 때로는 혼자만의 시간과 장소를 허용해 주기
- 그들의 거친 태도를 어느 정도는 받아들이기
- 명령을 내리거나 분위기를 주도하려 하지 않기
- 그들의 힘, 독립심에 대해 높이 평가하고 칭찬해 주기

8번 공부시키기

누군가의 지시나 명령에 의한 학습에 대한 동기 부여가 되지 않는다. 이들의 독립심을 자극해 스스로 공부에 임할 수 있도록 격려하고, 중간중간 옆에서 간섭하기보다 믿고 맡기며 그들의 행동에 칭찬을 보낸다. 이들은 3번과 유사하게 책이나 논리적인 탐구보다는 실제적인 현장 경험을 중요시한다. 배운 것을 직접 시도해 보는 것을 선호하며, 반항하듯 질문하고, 계속적인 질문을 제시하여 주도적인 학습 환경을 만드는 것을 선호한다. 대담한 질문을 통해 자기과시를 하고자 할 때 이들의 기를 꺾어 버리기보다 권한을 제공해 준다. 권한, 지위를 가질 수 있는 환경에서 이들은 더 적극적이고 끝까지 해 보고자 하는 도전과 의욕이 넘치며, 물리적, 정신적인 에너지가 돌출되어 학습에 효과적인 영향을 미친다.

직업적 궁합 보기

(지도자)

(스포츠스타)

(경영자)

(상담사)

(지역사회의원)

➜ 조직 통솔, 자율 권한이 주어지는 분야

평화롭고 균형있는 학생들이에요.

9번에게 다가가기

- 명령이나 강요하는 투로 말하지 않기
- 그들의 침묵을 동의로 받아들이지 말기
- 부탁이나 요구를 거절할 때, 부드럽게 말하기
- 그들의 친절, 부드러움, 참을성을 칭찬해 주기
- 이야기를 잘 들어 주고 평화가 유지되도록 하기
- 큰 결정을 내리게 할 때 충분한 시간을 제공해 주기
- 재촉하거나 몰아세우지 말고 구체적으로 격려해 주기

9번 공부시키기

목표가 명확하고 시간, 기한이 분명하게 정해져 있는 구조화되고 경쟁적인 환경보다는 우호적이고, 자유로우며, 편안하고, 부드러운 분위기에서의 학습을 더 선호한다. 경쟁보다는 조화와 친밀감이 유지되는 공동체 교육환경에서의 학습이 더 효과적이다. 혼자 공부하는 것보다는 그룹 활동을 통해 사람들과 나누고, 자신이 배운 것을 시험해 보고 지속적인 대화를 통해 사람들과 자신의 학습을 파악해 보는 경쟁이 아닌 조화와 협력의 공동체 학습을 더 선호한다. 이들은 성과, 결과지향적인 체제나 빠른 변화를 요구하는 환경에는 부적응을 보일 수 있으며, 결과보다는 과정을 격려하고 칭찬해 주는 것에 동기 부여가 될 수 있으며, 학습에 있어서 효과적일 수 있다. 지나치게 빡빡하거나 부담될 정도의 강요가 아니라면 어느 정도의 데드라인을 정해 주고, 도달할 수 있는 목표를 세워 성취할 수 있게 한 후, 긍정적인 피드백을 제공하는 것도 효과적일 수 있다.

직업적 궁합 보기

(성직자)

(상담가)

(사회복지사)

(중재인)

(외교관)

➡ 조직 간의 조화나 중재, 수용이 필요한 분야

<table>
<tr><td>1번 개혁가</td><td colspan="2">공정하고 올바른 학생들이에요.</td></tr>
<tr><td colspan="3" align="center">1번에게 다가가기</td></tr>
</table>

- 약속 잘 지키기
- 예의를 갖추고 대하기
- 원칙과 규율을 잘 지키기
- 주위를 깔끔하게 정리하기
- 변명하지 않고 실수를 인정하기
- 그들의 노력에 대해 높이 평가해 주기
- 점잖은 농담이나 유머를 사용하여 대화하기

1번 공부시키기

구조화되어 있지 않으면 싫어한다. 창의적인 주제나 기한이 정해져 있지 않을 때 스스로를 비판하거나 무기력해질 수 있다. 공부하기 전에 주변을 깨끗하게 정리해 줄 필요가 있으며, 시간, 범위, 내용이 잘 드러나는 계획이 정해졌을 때 안심하고 열심히 공부에 임할 수 있다. 규칙과 범위를 정확하게 지키고, 정돈된 환경을 좋아하기 때문에 어떤 것을 배우든 우선순위에 두는 것이 규칙과 기준이며, 이것을 통해 정확하게 알 수 있는 것이 무엇인지 고민하게 된다. 즉흥적이고, 비논리적인 설명보다는 논리적이고, 깔끔한 틀이 있는 구조화된 학습을 선호한다. 자신이 배우고 알게 된 것을 체크하며, 확인하고, 점검하는 학습을 선호한다.

직업적 궁합 보기

➡ 가르치거나 분석, 정확성이 요구되는 분야

4. 나의 잠재력을 찾아서

날개란 각각의 기본 성격유형의 좌우에 있는 유형들 중, 하나 또는 둘 모두를 말하는 것으로 성격의 성장보조 영역을 의미한다. 날개는 자신에게 잠재되어 있는 가능성의 영역이며, 성장을 돕는 내적인 힘과 가능성을 알려 주는 지표이다. 또한 자신 내부에 있는 숨겨진 나와, 되고 싶은 나 사이의 조절을 해 줄 수 있는 영역으로서 날개 성향 중, 자신이 좀 더 의식적, 무의식적으로 더 많은 빈도로 사용하고 있는 날개를 '우세한 날개' 또는 '강한 날개'라고 한다.

에니어그램에서 아홉 가지 기본 유형은 전체적인 성격을 드러내지만 날개는 그것을 보완하여 전체적 성격을 구성하며, 성격의 '두 번째 측면'으로 자신을 좀 더 깊이 이해하는 데 도움이 된다. 날개의 범위는 각 유형의 좌우에 있는 유형으로서 예를 들어 9번은 양 옆에 위치하고 있는 8번과 1번 중 하나 또는 두 개의 날개를 갖게 될 것이고, 4번은 3번이나 5번 날개를 갖게 될 것이다. 그때의 성격은 각 기본 유형의 성격에다 날개의 특성들이 고려된 성격을 나타내게 될 것이다.

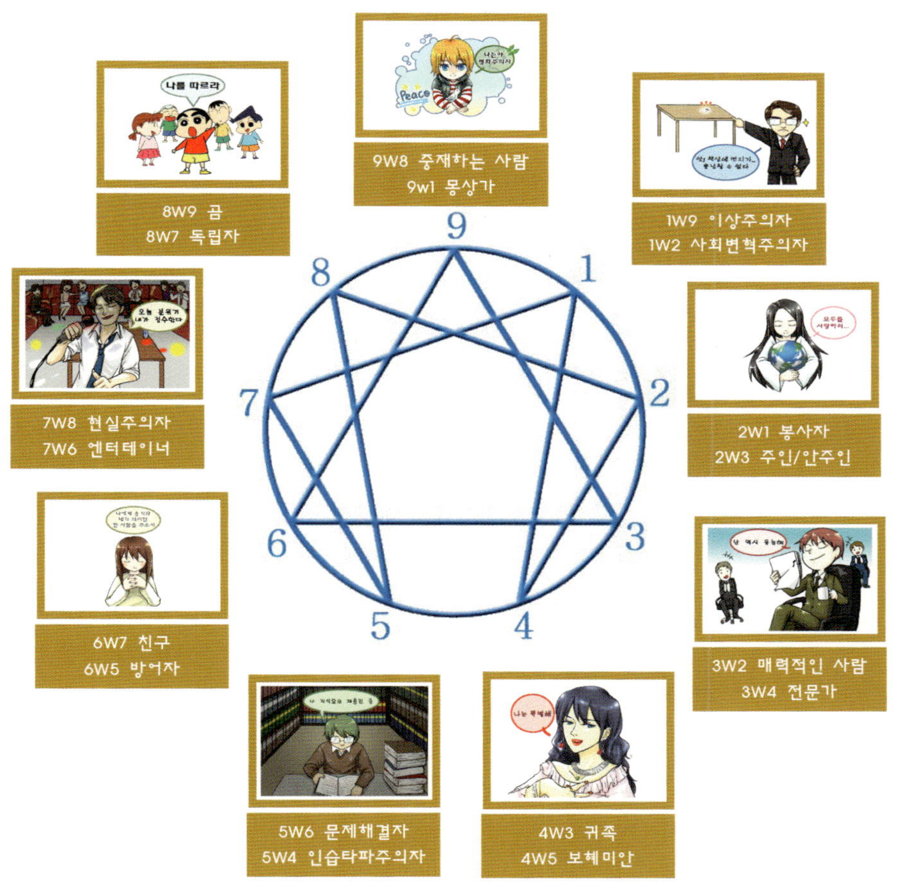

9번 날개	9번의 영향으로 지금까지 보다 조금 더 여유 있는 삶을 살 수 있다. 주변의 지저분함을 어느 정도 용인할 수 있게 될 것이며, 다른 사람들에 대해 요구했던 높은 기준과 도덕적 잣대를 '느긋함'으로 내려놓을 수 있다. 또한 다른 사람들에 대한 비판과 비난보다는 관대하고, 친절하고, 사려 깊은 대인관계로 사람들과 조화를 찾게 될 것이다.
2번 날개	2번을 날개로 가지게 되면 지금보다 더 남을 생각하고 배려하는, 타인 중심적이며 이타적인 성격을 지니게 될 것이다. 원리, 원칙에 의해서가 아니라 직감과 느낌으로 일을 할 수 있기 때문에 더 큰 만족감으로 일을 수행할 수 있다. 변화를 추구하고 열정적인 모습으로 살아갈 수 있다.

1번 날개	1번 날개의 영향으로 도덕적인 양심과 기준으로 다른 사람의 어려움을 도울 수 있게 된다. 즉 남에게 도움이 되거나 친절하기 때문이 아니라 그것이 옳은 것이기 때문에 다른 사람을 도울 수 있게 된다. 또한 의무감을 느끼며 감정표현을 자제할 줄 알며 두려움 없이 자신의 목소리를 내고 의견을 제시하며 이의를 제기할 수 있게 된다.
3번 날개	3번 날개를 가지게 되면 조금 더 매력적이고, 사교적이게 될 수 있다. 맹목적인 헌신보다는 자신의 봉사 능력을 드러내며, 자신의 재능을 주위 사람들과 함께 나눌 수 있게 된다. 또한 자신을 믿고 조금 더 독립적일 수 있다. 친밀한 개인관계에서 성공적이고, 단체를 쉽게 다룰 수 있게 된다.

2번 날개	2번 날개의 영향으로 친절하고, 너그러우며, 다른 사람과의 관계를 통해 잘 돕게 된다. 자신의 가슴과 더 많은 접촉을 하게 되고, 삶에서 인간관계에 대한 친밀감을 더욱 찾게 된다. 또한 일대일의 관계 맺기에 대한 기술도 발전하게 될 것이다.
4번 날개	4번의 날개를 가지게 됨으로써 진짜 자신의 모습과 자신이 선택한 역할에 있어서의 모습 사이에서 균형을 찾을 수 있다. 결과 지향적이고, 야심에 찬 성공이 아니라 자신의 감정을 탐색하며, 고결함을 잃지 않는 성공을 지향하게 될 것이다.

3번 날개	3번 날개의 영향으로 일상의 단조로움을 견딜 수 있는 힘이 생긴다. 3번의 실용적이고 현실적인 효율성을 가지기 때문이다. 목표지향적이고, 대인관계에서 자신과 자신의 창조성이 표현되고 또 인정받기를 원한다. 일을 함에 있어서도 더 효율적으로 하게 되는 일 중심이 될 수 있다.
5번 날개	5번 날개를 가지게 됨으로써 사고를 통해 감정을 적절하게 조절할 줄 알게 됨으로써 조금 더 안정적인 삶을 만들 수 있다. 또한 어떤 일을 진행함에 있어서 침착하게 사고하고 분석할 수 있게 되며, 진지하고, 틀에서 벗어난 생각을 하는 것이 다른 사람들과의 차이가 될 수 있다.

5번 유형

4번 날개	4번 날개의 영향으로 감정에 눈을 뜰 수 있으며 또한 그것을 밖으로 표현할 수 있게 된다. 또한 조금 더 다른 사람들의 문제에 관심을 갖게 되고, 동정심을 느끼게 된다. 지나치게 지적인 것보다는 창조적이고, 독창적인 동기로 채워질 수 있다. 대인관계에서는 독립성이 강하고 자신에게 부가된 권위나 구조에 저항하게 된다.
6번 날개	부끄러움을 덜 느끼며, 더 활발해지고, 더 많은 책임을 가지게 될 때, 그것은 6번 날개의 영향이다. 함께하는 일보다는 아이디어, 개념을 탐구하는 것을 좋아하지만 그래도 혼자가 아니라 한 그룹의 일부로서 갖는 기쁨을 느낄 수 있게 된다. 조직력과 관찰력, 정보수집력이 뛰어난 성향을 가진다.

6번 유형

5번 날개	5번 날개를 가지게 됨으로써 조금 더 관찰적이고, 사고적이고, 개인적인 사람이 될 수 있다. 조금 더 객관적이고 논리적이 될 수 있다. 정치적인 명분이나 지역사회봉사 등을 하며, 소탈한 모습을 보이는 대인관계가 가능하고 지각력과 초연함으로써 일 중독증에 빠져 있는 당신을 완화시킬 수 있게 된다.
7번 날개	생각하고 행동하는 데 늘 따라다녔던 두려움과 완고함이 자발성과 혁신적인 생각으로 균형을 이루게 될 때, 7번 날개의 영향을 받고 있다. 친밀한 관계와 농담으로 두려움을 극복하게 되고, 무거운 주제보다 밝고 따스한 주제를 선호하게 된다. 사람들과 즐거운 시간을 보내는 것을 좋아하며, 친절하고, 쾌활하며, 사회적인 사람이 될 수 있다.

6번 날개	6번 날개를 가짐으로써 쾌활하고, 유머 감각이 뛰어나며, 삶을 즐기면서 현실성을 함께 지니게 되고, 행복 추구가 완화될 수 있다. 현실성 있는 계획을 세우게 되며 더 직접적이고, 자신감 있는 사람으로 닥치는 고통도 잘 참고 극복할 수 있게 된다.
8번 날개	8번 날개를 가지게 됨으로써 선천적인 행복 추구의 접근에 생존본능이 추가된다. 적절하게 즐거움을 발달시킬 줄 알게 되며, 현실적인 계획을 세울 수 있다. 추진력 있게 자신이 원하는 것을 이루려고 노력하게 되고, 일과 활동으로 맺어진 사람과의 관계를 중시하게 된다.

7번 날개	조금 더 밝고 여유 있는 삶을 즐기며 사람들과 쉽게 접할 수 있게 될 때, 7번 날개의 영향을 받고 있다. 자신의 힘을 휘두르며 지나치게 경쟁적이지 않게 되며, 창조적이고, 상상력이 풍부한 사람이 될 수 있다. 대인관계에서 모험심이 있고, 진취적이며 대결을 잘 할 수 있다.
9번 날개	9번 날개를 가지게 됨으로써 자신의 삶에 대한 열정이 여유를 동반하게 된다. 자신의 힘을 경제적으로 사용할 줄 알게 되며 예전만큼 강렬하지 않고 조금 더 수용적인 사람으로서 다른 사람의 감정을 살필 줄 알게 된다. '흐름에 따라' 살아가는 방법을 배우며 안정감과 느긋함으로 삶을 여유 있게 살아갈 수 있다. 가족과 부하들을 보호할 줄 알게 된다.

8번 날개	8번 날개의 영향으로 자신의 분노를 접하게 해 주고 그것을 참고 삼키는 수동적 공격성보다는 그것을 직접적으로 표현할 수 있는 방법을 배우게 된다. 자신의 주장을 펼치며, 중요한 것에 에너지를 쏟음으로써 상황에 잘 대처할 수 있다. 인내력과 힘이 있으며 타인을 편안하게 할 줄 안다.
1번 날개	우선순위를 세워 일을 효율적으로 할 수 있을 때, 1번 날개의 영향을 받고 있다. 나쁜 상황을 피하기보다는 받아들이게 되며, 책임감이 강하고 정확한 사람이 될 수 있다. 목표와 높은 이상을 가지게 되고 판단, 분별 없이 다른 사람들의 말을 잘 들어 주는 대인관계를 가지게 된다.

5. 나의 역동적 힘을 찾아서

아홉 가지 성격유형은 정적인 것이 아니라 우리의 심리적 성장과 퇴보를 반영하며 역동성을 띤다. 심리적으로 건강해지거나 약해짐에 따라 기본 유형에서 통합 또는 분열의 방향으로 나아가게 된다. 통합과 분열 방향이란 아홉 가지 각 성격유형의 욕구가 충족되고 만족되었을 때 나타날 수 있는 안정 상태와 불충족, 불만족되었을 때 나타날 수 있는 불안정상태를 나타내는 것이다. 통합, 분열 방향으로 나아가는 흐름들을 헥사드(hexard)라고 부른다.

각 유형에서 분열 방향(Stress Point)은 1−4−2−8−5−7−1 그리고 9−6−3−9의 순서로 나아가고, 통합방향(Security Point)은 1−7−5−8−2−4−1 그리고 9−3−6−9 순으로 나아간다. 기본적인 성격유형의 특징에 날개뿐만 아니라 통합과 분열의 방향을 이해한다면 총체적인 성격을 이해하는 데 많은 도움이 될 것이다.

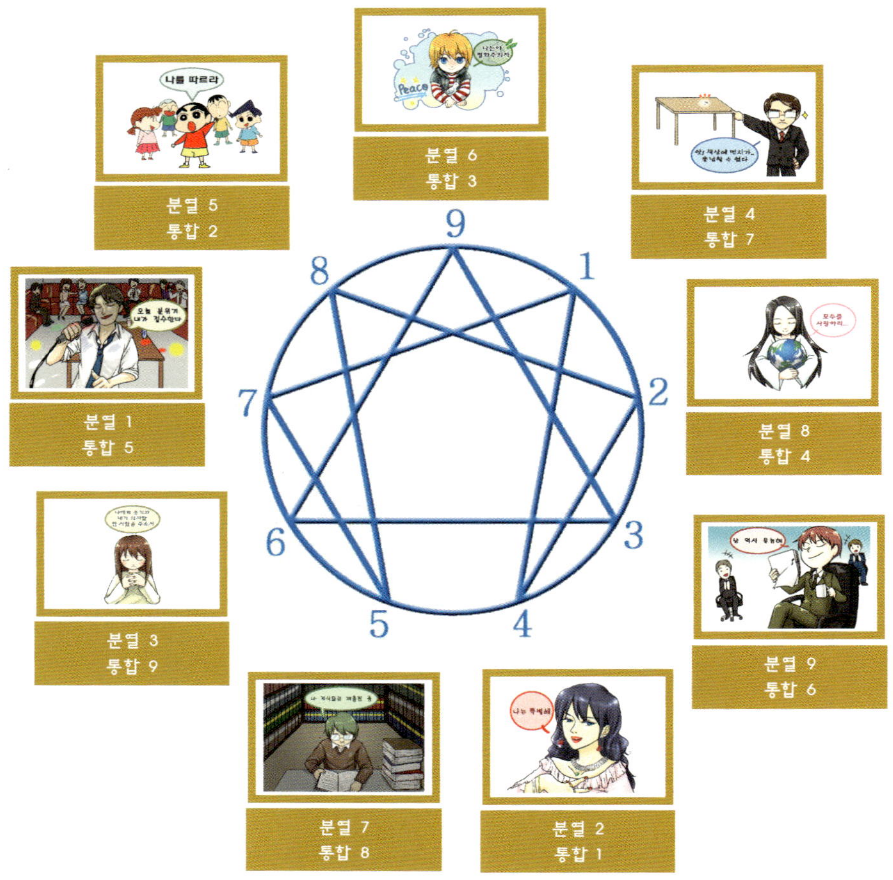

유형	분열	통합
1	▪ 자존감이 낮고 자기비하적이 된다. ▪ 기대를 채우지 못하는 것에 분개한다. ▪ 다른 사람의 느긋함과 우아함을 부러워한다.	▪ 인생을 즐길 줄 알게 된다. ▪ 자신과 타인에 대해 수용적이 된다. ▪ 일중독에서 벗어나고 여유로워진다.
2	▪ 남을 지배하려 하고 요구가 많아진다. ▪ 다른 사람에게 비난과 책임을 돌린다. ▪ 경쟁적이 되고 지나치게 참견하게 된다.	▪ 자신의 감정에 충실하게 된다. ▪ 자신의 감정, 내면을 탐색하게 된다. ▪ 외로움, 아픔과 다른 고통스런 느낌을 받아들인다.
3	▪ 우유부단해진다. ▪ 자신감을 잃고 비효율적이 된다. ▪ 여러 가지 일을 벌여 두고 부산해진다. ▪ 자신이 해야 할 일을 미루고 포기한다.	▪ 협력적이 된다. ▪ 손익계산 없는 이타적 도움을 주게 된다. ▪ 집단, 공동체를 중시하고 충성을 가치 있게 여긴다.

유형	분열	통합
4	▪ 자기중심적이 된다. ▪ 과도하게 의존적으로 된다. ▪ 당신의 필요를 무시하고 다른 것에 집중하게 된다.	▪ 감정을 통제할 수 있다. ▪ 객관적이고 논리적이게 된다. ▪ 현실적이고, 실질적이고, 계획적으로 된다. ▪ 부정적인 것보다 긍정적인 것에 집중한다.
5	▪ 잡다한 일을 하게 된다. ▪ 충동적인 결정과 행동을 하게 된다. ▪ 실생활 문제로부터 멀어지고 비현실적이 된다.	▪ 주도적이 된다. ▪ 자신감이 생기고, 자발적인 행동을 한다. ▪ 현실에 직면하게 되고, 상황을 받아들인다.
6	▪ 분주해지고 일에 집착하게 된다. ▪ 과정보다 결과를 중시하게 된다. ▪ 극단적인 목표를 세우고 무리하게 일한다. ▪ 실패의 두려움으로 새로운 일을 시도하지 않는다.	▪ 여유 있는 태도를 가진다. ▪ 넓은 아량과 마음으로 동정심을 갖는다. ▪ 더 넓은 관점을 가지고 전체적으로 연관된 사고를 가진다.
7	▪ 완벽해지려 한다. ▪ 현실을 외면한다. ▪ 분노, 짜증, 불만족을 표현하게 된다. ▪ 비판적이고, 냉소적이며, 혹평하는 사람이 된다.	▪ 객관성을 배우게 된다. ▪ 진지하고 심사숙고하게 된다. ▪ 책임감을 가지고 고통을 받아들인다. ▪ 집중력이 생기고, 깊이 있게 볼 줄 안다.
8	▪ 의기소침해진다. ▪ 자신의 감정을 돌아보지 않고 무시한다. ▪ 타인의 관점을 거부하고 거만하게 무시하게 된다.	▪ 덜 공격적이게 된다. ▪ 타인에게 자신을 개방하게 된다. ▪ 다른 사람들의 필요를 인정하게 된다. ▪ 남들을 더 생각하게 되고, 따뜻함과 부드러움을 가지게 된다.
9	▪ 걱정하고 근심하게 된다. ▪ 갈등 상황을 만들게 된다. ▪ 수동적인 자세를 취하게 된다. ▪ 결정을 못 하고 자꾸 연기한다.	▪ 자기 관리를 하게 된다. ▪ 해야 할 일에 집중하게 된다. ▪ 생산적인 태도를 가지게 된다. ▪ 목적의식을 갖게 되고, 긍정적인 자아상을 가지게 된다.

6. 각 유형이 공감하는 속담

1번 유형이 공감하는 속담, 명언
◉ 천 리 길도 한 걸음부터. ◉ 일하지 않으면 먹지도 마라. ◉ 바쁜 꿀벌은 슬퍼할 겨를도 없다. ◉ 사돈집 잔치에 감 놔라 배 놔라 한다. ◉ 스스로 돌아봐서 잘못이 없다면 천만인이 가로막아도 나는 가리라.

2번 유형이 공감하는 속담, 명언

- 백지장도 맞들면 낫다.
- 웃는 얼굴에 침 못 뱉는다.
- 자기를 모두 버리고, 남을 위해 힘쓴다(페스탈로치).
- 기쁨은 나누면 배가 되고, 슬픔은 나누면 반이 된다.
- 과부가 홀아비 설거지해 주러 갔다가 애까지 낳는다.

3번 유형이 공감하는 속담, 명언

- 일석이조.
- 싫어하는 말: 올림픽은 참가에 의의가 있다.
- 말은 제주도로, 사람은 서울로 보내라(일등주의).
- 강한 자가 이기는 것이 아니라 이기는 자가 강한 것이다.
- 시간을 이용할 줄 아는 사람은 하루를 사흘처럼 사용한다.

4번 유형이 공감하는 속담, 명언

- 인생은 연극과 같다.
- 모난 돌이 정 맞는다.
- 같은 값이면 다홍치마.
- 예술은 길고 인생은 짧다.
- 자유가 아니면 죽음을 달라.

5번 유형이 공감하는 속담, 명언

- 척 보면 안다.
- 아는 것이 힘이다.
- 나는 생각한다. 고로 나는 존재한다.
- 지식에 투자하는 것이 가장 이윤이 높다.
- 인간이란 생각하는 것이 적으면 적을수록 많이 지껄인다.

6번 유형이 공감하는 속담, 명언

- 꺼진 불도 다시 보자.
- 아는 길도 물어서 가라.
- 얕은 냇물도 깊게 건너라.
- 인생은 불확실한 항해이다.
- 돌다리도 두드려 보고 건너라.
- 사람이 먼 염려가 없으면 반드시 가까운 근심이 있다(논어).

7번 유형이 공감하는 속담, 명언

- 수박 겉핥기!
- 노세 노세 젊어서 놀아!
- 언 발에 오줌 누기(임시변통).
- 갓 사러 갔다가 망건 산다(딴 일로 잘 샌다.).
- 서당 개 3년이면 풍월을 읊는다(눈치 빠른 7번).
- 근심하지 마라. 근심은 인생을 늘 그늘지게 한다.
- 행복을 즐겨야 할 시간은 지금이다. 행복을 즐겨야 할 장소는 여기다.

8번 유형이 공감하는 속담, 명언

- 쇠뿔도 단김에 빼라.
- 눈에는 눈 이에는 이!
- 내 사전에 불가능은 없다.
- 싼 게 비지떡(크고 화려한 것을 선호).
- 잔잔한 바다에서는 좋은 뱃사공이 만들어지지 않는다.

9번 유형이 공감하는 속담, 명언

- 급할수록 돌아가라.
- 최대다수의 최대 행복.
- 참는 것이 이기는 것.
- 물에 술 탄 듯, 술에 물 탄 듯.
- 벼는 익을수록 고개를 숙인다.

<출처: 한국에니어그램교육연구소>

7. 이런 일은 힘들어요

유형	이런 일은 힘들어요.
1	• 자신이 틀렸다고 생각하기 • 미완성된 과제를 제출하기 • 운동복 차림으로 모임 장소에 나가기 • 완벽하지 못한 일을 칭찬할 때 공감하기 • 김치 국물 묻은 옷을 입고 시내 돌아다니기
2	• 상장 받고 자랑하지 않기 • 음식 얻어먹고 빈 접시로 돌려 주기 • 할 수 있는 일 부탁했을 때 거절하기 • 예쁜 옷 입고 온 친구 칭찬해 주지 않기 • 도움을 기다리는 친구의 눈을 외면하기 • 자신의 도움을 고마워하지 않는 친구에게 섭섭한 마음 안 갖기
3	• 드라마 이야기로 반나절을 보내기 • 유명인사와 악수하고 자랑하지 않기 • 길을 걸을 때, 여유를 부리며 천천히 걷기 • 남친(여친)과 헤어지고 3일 밤낮을 울어 보기 • 자신이 전교 일등 하고서 자랑하는 것을 잊어버리기 • 나의 경쟁 친구가 일등 한 것을 편안한 마음으로 칭찬하기
4	• 아름다운 꽃을 보고 감탄하지 않기 • 반복적인 일에 흥미를 느끼며 만족하기 • 단순하고 일반적인 것으로 내 방 꾸미기 • 평범한 자신의 모습에 자부심을 갖고 자랑하기 • 자신의 특별한 의상에 대해 사람들이 무관심한 것을 참아내기

유형	이런 일은 힘들어요.
5	▪ 궁금한 것을 그냥 넘어가기 ▪ 친하지 않은 사람들과 여행 가기 ▪ 백화점에서 쇼핑하며 하루를 보내기 ▪ 책 읽는 것이 시간 낭비라고 생각하기 ▪ 친구들의 수다에 재미있어 하며 동참하기 ▪ 자기가 잘 알고 있는 내용에 대해 잘난 척하는 친구 말을 들어 주기
6	▪ 번지점프를 타며 신나게 즐기기 ▪ 의심 없이 사람들을 무조건 믿기 ▪ 위험해 보이는 다리를 일단 건너고 보기 ▪ 자신이 실수한 것에 대해 그냥 웃어넘기기 ▪ 어려운 문제 앞에서 잘될 거라고 긍정적으로 생각하기 ▪ 아주 중요한 일의 결정에 조언을 구하지 않고, 단독으로 결정하기
7	▪ 늘 같은 식당에서 점심 먹기 ▪ 쉬는 시간에 책 펴고 공부하기 ▪ 하루 종일 우울한 표정으로 지내기 ▪ 놀고 있는 친구들을 외면하고 공부하기 ▪ 장기 계획을 세워 놓고 그대로 실천하기 ▪ 해야 할 일 때문에 친구들과의 여행을 포기하기 ▪ 봉사활동 때문에 친구들과 놀러 가는 것을 거절하기
8	▪ 친구의 지시를 조건 없이 따르기 ▪ 오른손이 한 일 왼손이 모르게 하기 ▪ 버릇없는 아이들을 웃으며 지켜봐 주기 ▪ 의견 충돌이 있을 때 내 주장을 펴지 않기 ▪ 원리, 원칙을 어기는 사람들을 무조건 따르기 ▪ 나를 놀리는 친구에 대해 복수의 마음을 가지지 않기 ▪ 빌려 간 물건을 고장 내서 온 친구를 웃으면서 보내기
9	▪ 빡빡한 계획을 그대로 따르기 ▪ 사람들의 부탁을 단칼에 거절하기 ▪ 남들 눈에 띄는 옷을 입고 모임에 나가기 ▪ 자기 때문에 다른 사람들의 희생을 강요하기 ▪ 여유가 있는 일을 그 자리에서 바로 처리하기 ▪ 다른 사람들과 다른 의견을 놓고 자기주장을 강하게 고집하기 ▪ 다른 사람들 의견을 무시하고 자기가 먹고 싶은 점심 메뉴 정하기

☆ 스트롱 교실

1. 스트롱 선행학습

1) 이론적 배경

흥미를 측정하려는 시도는 제1차세계대전에서 비롯되었다. 이 당시 군대에 소속되어 있던 심리학자들은 누구를 취사병을 시키고, 누구를 기병대를 시켜야 하는지에 대해 고민하였다. 군대의 심리학자였던 E. K. Strong은 개인의 직업흥미에 따라 각자에게 가장 적합한 진로가 무엇인가를 알려 주려는 의도를 가지고 검사를 개발하기 시작하였다. 스트롱은 특정 직업 활동에 종사하는 사람들은 공통적인 흥미패턴이 있으며, 이 정보를 사람들의 능력 및 직업에 대한 가치정보와 함께 사용한다면 사람들의 교육 및 진로계획 수립에 도움을 줄 수 있고, 다양한 직업에 종사하는 사람들의 흥미패턴을 기술할 수 있다고 보았다. 그리하여 1972년 SVIB(Stong Vocational Interest Blank)를 발표하였다. 스트롱의 검사개발에 대한 열정과 청렴성 덕분에 1938년 대공황 중에도 첫 번째 개정판이 나오게 되었다. 1960년대 스트롱의 흥미검사는 20개의 직업분야별 척도인 BIS(Basic Interesting Scale)를 사용하기 시작하였고, 1974년 스트롱은 그와 같은 심리학자였던 John L. Holland의 직업선택이론을 그의 경험적인 자료에 반영하여 6개의 GOT (General Occupation Theme) Code를 사용하기 시작하였다. SVIB 공동 작업을 수행한 Campbell의 이름을 붙여 SCII(Strong Campbell Interest Inventory)라고 부르게 되었다. 종전까지 사용하던 BIS는 GOT의 하위척도가 되었다. 1985년 스트롱은 기존의 문항에 새롭게 등장할 직업들을 포함시켜 325개의 문항을 선정한 후 목표한 직무샘플 중 ① 자신의 직무에 만족할 것, ② 해당 직종에 최하 3년 이상의 경험자, ③ 해당 직종의 전형적인 활동을 수행할 것, ④ 나이는 25세부터 60세 사이, ⑤ 문항의 반응률이 양호한 샘플만 골라 109개의 OS(Occupation Scale)를 구성하였다. 1994년 개정판은 오랜 세월 직업

세계의 변화와 더불어 수정되어 오던 검사를 가장 대대적으로 개정한 검사로 5년간의 연구를 통하여 67,000명의 자료를 분석하여 만들어졌다. 이 개정판에서 검사의 신뢰도가 많이 향상되었고 4개의 척도를 가진 PSS(Personal Style Scale)가 추가되었으며, 1994년 이후 이 검사의 명칭은 SII(Strong Interest Inventory)가 되었다. 1996년 미국 CPP(Consulting Psychologist Press)의 허가를 얻어 1994년 스트롱 흥미검사를 바탕으로 청소년용 스트롱 진로탐색검사 및 스트롱 직업흥미검사에 대한 한국판 작업이 시작되었다. 청소년용 스트롱 진로탐색검사는 GOT만을 채택하여 개발하였으며 스트롱 직업흥미검사는 GOT, BIS, PSS를 모두 채택하여 개발하였다.(KPTI 한국심리검사연구소 스트롱 초급 자료집에서 발췌)

2) 진로탐색검사

진로성숙요인	낮은 점수에 대해 이렇게 이해해요.
진로정체감	• 진로준비가 아직 부족할 수 있다. • 진로에 대한 정보가 부족할 수 있다. • 가족 내 의견에 불일치를 탐색해 볼 수 있다.
가족일치도	• 진로정체감이 부족할 수 있다. • 합리성이 부족할 수 있다. • 부모 및 가족의 압력이 있을 수 있다. • 부모, 가족 간의 기대 불일치를 탐색해 볼 수 있다.
진로준비도	• 독립성이 부족할 수 있다. • 진로 인식이 아직 부족할 수 있다. • 부모에 대해 높은 의존도를 보일 수 있다.
진로합리성	• 수용성이 부족할 수 있다. • 타인에 대한 의견 수렴 능력이 부족할 수 있다.
정보습득률	• 지적 능력이 부족할 수 있다. • 진로교육 및 경험이 부족할 수 있다. • 진로 준비도가 아직 부족할 수 있다.

3) 나의 RIASEC 유형 알기

다음은 여섯 가지 유형의 사람들이 나타내는 *성격과 흥미*를 알아보기 위한 문항들입니다. 자신의 성격과 흥미에 일치하는 문항번호의 빈칸에 ○표 해 보세요. 그리고 모든 문항에 응답한 후에 각 코드별로 ○의 개수를 세어 합계란에 적어 보세요.

R계		
1	말이 없는 편이다.	
2	애정영화보다는 무술 또는 스포츠중계를 더 좋아한다.	
3	방 안에서보다 밖에서 활동하거나 운동하는 것을 더 좋아한다.	
4	말이 부드럽지 못하고, 무뚝뚝한 편이다.	
5	논리적으로 말하는 것은 어렵다.	
6	이론을 따지고 토론하는 것은 재미없다.	
7	부속품들을 맞추어서 기계를 조립하는 것을 좋아한다.	
8	집에서 전기가 고장 난 곳을 찾아내어 직접 고치는 것이 즐겁다.	
9	분위기 낼 줄을 모른다.	
10	식물이나 동물 같은 것 키우는 것을 좋아한다.	
11	거친 운동이라도 무서워하지 않고 잘 한다.	
12	장난감이 고장 나면 잘 고칠 수 있다.	
13	대체적으로 현실적인 편이다.	
14	이상적인 것보다 실제적인 것에 마음이 끌린다.	
15	독창적이거나 창의적인 아이디어를 내는 것은 힘들다.	
합계		

S계		
1	다른 사람을 먼저 생각하고 배려한다.	
2	여러 사람이 모이는 모임에 참석하는 것을 좋아한다.	
3	정서적인 교감이 쉽고, 공감능력이 뛰어나다.	
4	다른 사람들을 도와주기 좋아한다.	
5	마음이 따뜻하고 친절한 사람이라는 평가를 받는다.	
6	많은 사람들과 이야기 나누는 것을 좋아한다.	
7	유치원에서 아이들을 가르치는 일이 좋다.	
8	혼자 있는 시간은 싫다.	
9	여러 사람들과 함께 일하는 것을 더 좋아한다.	
10	어려운 사람을 돕는 단체에서 일하고 싶다.	
11	양로원에 봉사하러 가는 일이 즐겁다.	
12	누군가가 의지할 수 있는 사람이 되고 싶다.	
13	친구들의 고민을 잘 들어 주고 위로해 준다.	
14	모임에서 편안한 분위기가 되도록 마음을 쓸 줄 안다.	
15	내 생각과 다른 사람들의 의견도 잘 받아들이고 수용한다.	
합계		

I계		
1	조용한 편이다.	
2	과학이나 역사에 관한 책을 읽기 좋아한다.	
3	학교에서 배운 대로 이론적으로 따지기를 좋아한다.	
4	지식적으로 배우는 것에 대해 흥미를 느낀다.	
5	무엇을 보든지 세심하게 관찰하는 습관이 있다.	
6	어릴 때부터 책을 많이 읽었다.	
7	궁금한 것을 그냥 넘기지 못하고 꼭 알고 간다.	
8	여러 사람과 함께 일하기보다 조용히 연구하는 것에 끌린다.	
9	의사가 되어 환자의 질병의 원인을 찾아내고 싶다.	
10	진지하고 생각이 많은 편이다.	
11	학자가 되어 학문을 깊이 연구하고 싶다	
12	무엇이든 분석하고 원인을 생각해 보는 편이다.	
13	논리적으로 생각하고 말할 수 있다.	
14	'왜?'라는 질문을 가지고 이유를 따진다.	
15	가끔 잘난 척한다는 소리를 듣곤 한다.	
합계		

E계		
1	다른 사람에 비해 욕심과 야망이 큰 편이다.	
2	사람들과 어울리기를 좋아한다.	
3	이끌려 가기보다 이끌어 가는 것을 좋아한다.	
4	열성적이고 적극적인 사람이라는 평가를 받는다.	
5	앞으로 내 밑에 많은 사람들을 거느리고 싶다.	
6	사람들 앞에서 논리적으로 연설하는 것을 잘 할 수 있다.	
7	경쟁심이 많아 게임에서 결코 쉽게 양보하지 않는다.	
8	리더십 있고 능력 있다는 평가를 받고 싶다.	
9	경찰이 되어 도둑을 잡으러 찾아다니는 일에 끌린다.	
10	정치가가 되어 반대편의 사람들과 경쟁하는 것이 좋다.	
11	상품을 다른 사람들보다 더 많이 팔 수 있는 능력이 있다.	
12	사교적이고 의욕적이다.	
13	말을 요령 있게 잘한다.	
14	다른 사람들을 말로 잘 설득한다.	
15	내 의견과 주장을 당당하게 발표할 수 있다.	
합계		

A계		
1	나는 상상력이 풍부한 편이다.	
2	성격이 예민하고 까다로운 편이다.	
3	다른 사람들과는 뭔가 다르고 특별하고 싶다.	
4	나에게는 예술적 재능이 있는 것 같다.	
5	나는 감정이 풍부해서 조그만 일에도 쉽게 감동한다.	
6	나의 생각과 느낌은 다른 사람들과 다르다.	
7	하고 싶은 일이 있으면 그것을 참기가 어렵다.	
8	미술전람회나 음악회에 가는 것을 좋아한다.	
9	아름다운 그림을 감상하거나 음악을 듣는 것에 끌린다.	
10	연속방송극의 드라마 각본을 쓰는 것에 흥미가 있다.	
11	일상적인 일에는 싫증을 잘 느끼고 지겨워한다.	
12	나는 창의성과 상상력이 높은 편이다.	
13	원리원칙이나 규칙을 따르는 것은 힘들다.	
14	관례적인 것을 깨고 싶다.	
15	지나치게 구조화되었거나 조직화되어 있는 것은 답답하다.	
합계		

C계		
1	나는 정리정돈을 잘 해 두는 편이다.	
2	세밀하고 꼼꼼한 성격이다.	
3	정직해서 농담이나 유머를 잘 하는 성격이 아니다.	
4	무슨 일이든 계획한 대로 실행해야 마음이 편하다.	
5	변화가 많고 복잡한 것은 별로 좋아하지 않는다.	
6	원리원칙대로 행동하고 또 그렇게 살려고 한다.	
7	관례적인 것을 따르는 것이 좋고 편하다.	
8	용돈의 사용 여부를 꼼꼼하게 기록하는 것을 좋아한다.	
9	은행과 같이 정확성을 요하는 일에 관심이 많다.	
10	컴퓨터 타자를 쳐서 깔끔하게 문서를 정리하는 것을 좋아한다.	
11	구조적이고 체계적인 분위기를 좋아한다.	
12	새로운 일에 대한 도전에는 별 흥미가 없다.	
13	독창적이고 창의적인 아이디어를 내는 것은 어렵다.	
14	다소 융통성이 없는 편이다.	
15	나에게 맡겨진 일은 정확히, 그리고 빈틈없이 한다.	
합계		

2. 나의 RIASEC 유형 알기

1) 유형별 점수 기록하기

유형 / 점수	R	I	A	S	E	C

2) 진로코드 결정하기

① 1순위, 2순위의 점수 차가 0~9점인 경우

② 1순위, 2순위의 점수 차가 10점이 넘는 경우

3) 나의 최종 유형 코드는?

3. 6가지 성격유형 엿보기

1) 육각형

2) 여섯 가지 유형 간편 설명

R 현장형	기계, 건설, 수리 작업을 좋아하고 야외 활동, 모험, 신체적 활동을 선호한다.	현장형
I 탐구형	과학적이고 탐구적인 성향이 있으며 학구적이고 연구하는 분위기를 선호한다.	탐구형
A 예술형	창조적이고 자신을 표현하는 직업을 선호하며 예술 활동 참여를 좋아한다.	예술형
S 사회형	사람들과 함께 일하는 것을 좋아하고 다른 사람들을 도와주는 활동을 선호한다.	사회형
E 진취형	개인이나 조직의 목적을 위해 다른 사람을 지도, 통제 및 설득하는 활동을 선호한다.	진취형
C 사무형	세부적이고 구체적인 작업을 체계적으로 하는 활동을 선호한다.	사무형

<table>
<tr><td>R
현장형</td><td>
</td></tr>
</table>

성격적 특징

많은 사람들과 함께하는 것보다는 독립적인 활동을 더 선호하며 현실적이고 실용적인 면이 강하다. 화려하고 사치스러운 것을 싫어하며 생활 속에 검소함이 배어 있고 사람들 앞에 자신을 알리거나 의견을 주장하는 일에 서투르다. 조직적이고 체계적인 환경을 좋아하고, 새롭고 다양한 변화에 대해서는 힘들어하는 편이다. 자신이 한 일에 대해서는 분명한 결과가 나오기를 희망하며 주로 실내 활동보다는 실외 활동을 더 선호한다. 신뢰가 있는 편이며 도구, 기계 등 장비를 가지고 일하는 것을 좋아한다. 만들고 조립하는 것을 좋아하며 또한 동식물을 키우는 것을 좋아한다. 실제적이고 현실적인 사람이다.

취미 활동

- 식물 가꾸기
- 레고 조립하기
- 강아지 먹이 주기
- 무서운 놀이기구 타기
- 밖에서 친구들과 운동하기
- 70% 세일하는 옷 사러 가기
- 고장 난 동생 장난감 고쳐주기

잘 하는 일과 못 하는 일

잘 하는 일: 고장 난 가전제품을 수리하거나 육체적으로 힘을 과시할 수 있는 노동, 그리고 옥외 스포츠 활동을 잘하며 검소한 생활 실천을 잘 한다.

잘 못하는 일: 그저 비싸기만 한 차를 타고 자랑하거나, 여러 사람들과 오랜 시간 수다를 떨거나, 책상에 가만히 앉아 생각만 하는 일은 힘들다. 또한 분위기 잡아서 여자 친구에게 프러포즈하는 일은 잘 못한다. 독창적인 아이디어를 내라는 것도 힘들다.

직업적 궁합

정비사	군인	경찰	운동코치	원예사	조종사

➡ 도구, 연장 등을 가지고 기계를 다루거나 몸으로 직접 뛰는 활동적인 일

I 탐구형

성격적 특징

지적인 이들은 사람보다는 아이디어 중심으로 생각하고 사고한다. 분석적이고 논리적이며 다소 비판적인 사고가 강한 편이다. 단순한 문제보다는 복잡하고 추상적인 문제에 관심을 가지고 지식에 대한 호기심이 강하다. 여러 사람들과 어울리는 것보다 혼자 책 읽고, 생각하고, 연구하는 것을 더 선호한다. 칭찬, 상품 같은 외적 강화물보다는 내적 강화물에 더 동기부여가 잘 되는 성격이다. 끊임없이 배우고자 하며 모르는 것은 그냥 넘어가는 일이 없다. 수학, 과학 문제 푸는 것을 좋아하며 원인, 결과를 분석하는 일을 좋아한다. 자신이 많은 것을 안다고 생각하기 때문에 또래들에게는 잘난 척한다는 비난과 함께 어울리지 못하고 혼자 겉도는 경향이 있다.

취미 활동

- 추리 소설 읽기
- 원인과 결과 분석하기
- 어떤 원리에 대해 배우기
- 책상에 앉아 생각하고 연구하기
- 틀린 생각을 하는 친구 지적하기
- 어려운 문제 꺼내 놓고 끝까지 풀기
- 또래들에게 어려운 문제 가르쳐주기

잘 하는 일과 못 하는 일

잘 하는 일: 혼자서 연구하는 일과 지식으로 재충전하는 일에 시간을 보내는 것을 잘 한다. 원인과 결과를 찾고, 분석하며, 비판하는 일도 잘 한다. 자신의 지적인 능력에 대해 자부심을 가지고 모르는 문제에 매달려 끝장을 내는 일도 잘 한다.

잘 못하는 일: 자신의 주장을 설득력 있게 말로써 표현하는 것은 조금 힘들며, 유머 감각이 떨어져 사람들을 웃기는 일을 잘 못한다. 리더십을 발휘하여 어떤 집단을 이끄는 일에도 자신 없어 하며, 사소한 수다에 오래 참여하거나 다른 사람들의 일에 관심을 보이는 일에는 서투르다.

직업적 궁합

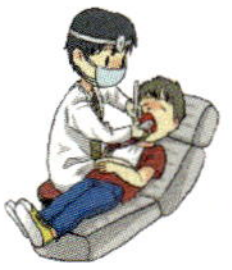

법관	약사	연구원	천문학자	의사

➡ 끊임없는 연구와 지식 추구를 필요로 하며, 논리적인 사고와 분석을 필요로 하는 일

<table>
<tr><td>S
사회형</td><td></td></tr>
</table>

성격적 특징

마음이 따뜻하고 다정다감하며 다른 사람들을 잘 보살피는 정이 많은 사람들이다. 혼자보다는 여러 사람들과 함께하는 것을 좋아하고 자기 의견을 고집하기보다는 다른 사람들의 의견을 듣고 따르는 것을 더 편해한다. 봉사 정신이 뛰어나 누군가의 부탁을 잘 거절하지 못한다. 함께 이야기 나누는 것을 좋아하고 분위기를 만들 수 있는 능력을 가지고 있어 인기가 많은 편이다. 항상 주변에 사람들이 많이 모이고 표정이 밝고 긍정적인 편이다. 친절하고 배려심이 많아 사람들이 다가서기 편해하며 속마음을 잘 털어놓게 된다. 이야기를 잘 들어 주고 경청해 주는 능력도 가지고 있다.

취미 활동

- 각종 모임에 즐겁게 참석하기
- 봉사 활동 다니며 사람들 돕기
- 친구 고민 들어주며 상담해주기
- 친구들이 모여 있는 곳 찾아가기
- 남의 일도 내 일처럼 해결해주기
- 어색한 분위기 화기애애하게 만들기

잘 하는 일과 못 하는 일

잘 하는 일: 다른 사람의 아픔을 위해 울어 주거나 다른 사람의 감정에 이입되어 공감하는 것을 잘 한다. 나보다 건강한 사람일지라도 전철에서 자리 양보를 잘 하며 지칠 줄 모르고 이야기하며 남의 이야기를 들어 주는 것을 잘 한다.

잘 못하는 일: 장시간 혼자서 지내는 일은 힘들어한다. 다른 사람들 부탁을 거절하거나, 내 눈을 보며 무엇인가를 바라는 사람을 무관심한 척 그냥 지나가는 것을 잘 못한다. 시사프로를 보며 분석하고, 비판하는 일에는 서투르고, 코미디 유행어를 따라 하지 않는 것 또한 힘들다.

직업적 궁합

| 교사 | 간호사 | 상담사 | 성직자 | 레크리에이션 강사 |

➡ 사람들을 상대하며 친절과 봉사의 정신을 필요로 하는 일

<table>
<tr><td>A
예술형</td><td></td></tr>
</table>

성격적 특징

예술적인 감각을 지니고 있으며 독창적이고 창의적인 아이디어가 많다. 구속한다고 느껴지는 분위기를 싫어한다. 규칙/규율을 따르는 것을 거부하고 관례적이고 틀에 박힌 일상적인 생활을 싫어한다. 감정표현이 풍부하여 아름다움에 대한 감탄을 잘 하고 남과 다른 특별한 뭔가를 추구하고자 한다. 변화에 개방적이고 상상력이 풍부하고 직관적인 면이 많다. 남들이 이해하기 힘든 독특한 사고와 느낌을 많이 가지고 있으며 기분 좋음과 싫음의 기복이 심한 편이다.

취미 활동

- 상상하기
- 혼자 여행 떠나기
- 분위기 잡고 커피 마시기
- 연극, 영화, 뮤지컬 보러가기
- 아름다운 꽃을 보며 감탄하기
- 음악 들으며 분위기에 젖어 보기
- 독창적이고 창의적인 아이디어 내기
- 내적 성장을 살찌우는 시, 수필 읽기

잘 하는 일과 못 하는 일

잘 하는 일: 자연의 아름다움에 감탄사를 연발하며 예술적 감각이 눈에 띄는 옷을 입어 사람들을 놀라게 한다. 누구도 상상하지 못한 낭만적인 분위기 연출로 프러포즈하는 것도 잘 한다. 변화에 대해 적응을 잘 하며 개방적으로 대처하는 것도 잘 한다.

잘 못하는 일: 엄격한 규칙과 규율에 따르는 것은 힘들어한다. 구조화되고 조직적인 환경에서 일상적이고, 반복적인 일을 기쁘게 하며 만족된 삶을 산다는 것은 어렵고, 힘들다. 현장형 사람들처럼 기계를 보면서 감정표현을 하며 감탄하는 것도 불가능하다.

직업적 궁합

| 만화가 | 배우 | 사진사 | 조각가 | 음악가 | 시인 |

➡ 독창적이고 창의적이며 예술적인 감각을 필요로 하는 일

<table>
<tr><td>E
진취형</td><td>
</td></tr>
</table>

성격적 특징

리더십이 강하고 앞에서 일을 추진하는 능력이 뛰어나다. 야심적이고 진취적이다. 금전과 같은 외적 강화물에 동기부여가 잘 되고, 남들이 볼 때 정열적이고 힘 있게 보인다. 항상 자신감에 차 있으며 남들과 경쟁하는 것을 좋아하고 이기고 싶어 한다. 뛰어난 언변으로 토론, 토의, 연설 등에서 논리적으로 사람들을 설득하는 능력이 있으며, 도전적이고 모험적이다. 자신들을 정력적이고, 의욕적이며, 사교적이라 생각하고 평가한다. 다른 사람들을 돕고 육성하기보다는 어떤 목표를 향해 다른 사람을 이끌고, 설득하며 통제하는 데 관심이 많다.

취미 활동

- 급한 일 추진하기
- 모임에서 리더하기
- 마이크 잡고 연설하기
- 내기 게임에서 이기기
- 모임에서 리더 역할 하기
- 새로운 일을 찾아 도전하기
- 논리적으로 설득하고 자기편 만들기

잘 하는 일과 못 하는 일

잘 하는 일: 사람들을 그럴듯한 말로 설득하는 일에 탁월한 능력이 있으며, 집단의 분위기를 확 휘어잡는 리더십이 있다. 진전을 보이지 못하는 일에 추진력을 발휘해 진행시키는 일을 잘 하고, 마이크 잡고 연설하는 것이 이들에게는 쉽다. 토론, 토의, 연설에 열정을 쏟아 연설할 수 있다.

잘 못하는 일: 마이크를 앞에 놓고 뒤로 물러나 있는 것은 이들에게는 참기 힘든 유혹이다. 경제적 능력이 있음에도 경차를 타고 다니는 것도 불가능해 보이며, 자기와 다른 생각을 가진 사람의 말을 고분고분 잘 따르는 것도 힘들다. 오랜 시간 혼자 생각만 하고 앉아 있는 것과 자기주장을 포기하는 일은 잘 못한다. 확실한 정보가 있는데 주식 투자를 포기하는 일은 아마도 불가능할 것이다.

직업적 궁합

| 변호사 | 레스토랑 매니저 | 아나운서 | 정치가/연설가 | 비즈니스맨 |

➡ 진취적이고 도전적인 일이나 논리적인 설득력을 필요로 하는 일

C 사무형

성격적 특징

이들은 체계적이면서도 정확한 편이다. 때로는 지나치게 꼼꼼하며 질서 정연한 모습을 보인다. 변화를 추구하기보다는 안정성을 우선으로 여기며 보수적인 성향이 강하다. 상하위계질서를 중시하며 생활에서 이상적인 것보다는 실질적이고 실용적인 것을 추구한다. 생활이 현장형과 비슷하게 검소한 편이지만 또 현장형과는 달리 실외 활동보다는 실내 활동을 더 선호한다. 내성적인 편이라 자신을 잘 드러내지 않으며 자료 정리, 데이터 수집과 관리에 그 능력을 나타낸다. 조직적이고 구조화된 환경을 선호하는 것은 진취형과 비슷하다. 정해진 순서대로 숫자, 기록, 기계를 가지고 하는 일을 선호하며 현재 자신이 하고 있는 일을 잘 해내는 것에 가치를 둔다. 스스로를 잘 정돈되고 계획에 따르는 것에 익숙한 사람이라 생각하고 평가한다.

취미 활동

- 필요한 자료 수집하기
- 밀렸던 노트 정리하기
- 보고서 워드로 작성하기
- 책상 서랍장 정리정돈 하기
- 퀼트, 십자수 등으로 시간 보내기
- 다른 사람들 보고서 오타 수정해주기

잘 하는 일과 못 하는 일

잘 하는 일: 쉬는 시간 틈틈이 서류 정리하는 것을 잘 하고, 검소하면서도 실용적인 프러포즈를 잘 한다. 총무 역할을 부여하면 잘 해낼 수 있고, 오랜 시간 책상에 앉아서 뭔가를 하는 것은 이들에게는 쉽다. 차트/그래프를 만드는 등 보고서를 작성하는 일을 잘 한다.

잘 못하는 일: 지저분한 사무실을 정리 안 하고 그냥 지켜보는 것은 이들에게 가혹한 일이다. 천방지축 날뛰는 예술형을 보면서 부러워하는 것도 힘들다. 원금 손실을 예상하는 주식에 투자하는 것은 불가능하다. 이들에게 계획 없이 쇼핑하면서 돈을 쓰게 만드는 일은 쉽지 않다. 변화무쌍한 환경에서 안정감을 느끼도록 하거나 위계질서를 무시하도록 강요하는 것은 이들에게 또한 가혹한 일이다.

직업적 궁합

| 상업교사 | 비서 | 은행원 | 컴퓨터프로그래머 | 인쇄업 |

➡ 꼼꼼함과 정확함을 요구하는 일이나 반복적이고 변화가 적은 일

이런 사람입니다

- 혼자인 것이 좋아요.
- 알뜰하고 검소해요.
- 실용적인 것이 좋아요.
- 화려한 것은 싫어요.
- 생각과 감정 표현은 힘들어요.
- 안정적인 환경이 편해요.

이런 직업 어울려요

- 군장교
- 기술사
- 요리사
- 프로운동선수
- 환경기능사
- 동물사육사
- 엔지니어

이런 사람입니다

- 혼자인 것이 더 편해요.
- 객관적이고 분석적이에요.
- 호기심이 많아요.
- 내 생각을 표현하기 힘들어요.
- 어떤 것을 배우는 건 좋아요.
- 생각을 많이 해요.

이런 직업 어울려요

- 연구원
- 천문학자
- 약사
- 게임프로그래머
- 언어치료사
- 인터넷전문가
- 치과위생사

이런 사람입니다
· 감정이 풍부해요.
· 아름다움에 민감해요.
· 창의적이고 독특해요.
· 남들과 다르고 싶어요.
· 평범한 것은 싫어요.
· 자유로운 분위기 좋아요.

이런 직업 어울려요
· 조각가
· 무용가
· 디자이너
· 플로리스트
· 사진작가
· 사이버아티스트
· 예능교사

예술형

이런 사람입니다
· 사교적이에요.
· 밝고 긍정적이에요.
· 사람들을 좋아해요.
· 따뜻하고 편안해요.
· 분위기 메이커에요.
· 말로 표현을 잘해요.

이런 직업 어울려요
· 간호사
· 중등교사
· 초등교사
· 사회복지사
· 청소년상담사
· 상담교사
· 호텔리어

사회형

이런 사람입니다
- 추진력이 있어요.
- 에너지가 많아요.
- 리더십이 강해요.
- 자신감이 넘쳐요.
- 사교적이에요.
- 논리적으로 말해요.

이런 직업 어울려요
- 검사
- 기업인
- 상품광고원
- 방송프로듀스
- 쇼호스트
- 영업사원
- 펀드메니저

이런 사람입니다
- 꼼꼼해요.
- 너무 많은 변화는 싫어요.
- 화려한 것은 싫어요.
- 체계적이고 정확해요.
- 정리정돈을 잘해요.
- 공손해요.

이런 직업 어울려요
- 공인회계사
- 법무사
- 변리사
- 비서
- 사서
- 은행원
- 환경평가원

4. 사례로 유형별 특징 엿보기

이 내용은 각 유형의 특징을 이해하고자 가상으로 만들어 낸 것이다. 앞에서 살펴본 각 유형별 특징과 시간 나면 잘 하는 일, 잘 하지 않는 일 등을 다시 생각하면서 성격적인 특징을 이해하는 데 도움이 되도록 마련한 공간이다. 읽으면서 자신과 같은 유형이 선택한 것에 동의하는지, 동의하지 않는다면 자신은 어떤 것을 선택하겠는지, 또 왜 그러한지 함께 생각하고, 탐색해 보자.

현장형은 실용적이고, 연비가 좋으며, 유지비가 적게 드는 SUV 차종을 선호하며, 탐구형은 뭔가 연구할 만한 거리가 있고, 복잡한 매뉴얼이 있는 차를 좋아할 것이다. 예술형은 자신의 독특함을 선보이며 남들과 다른, 눈에 띄는 스포츠카 종류를 선호하며, 사회형은 언제든지 많은 사람들과 함께 여행 갈 수 있는 승합차를 선호할 것이다. 그리고 진취형은 자신의 능력을 뽐낼 수 있는 크고, 품 나는 대형차를 좋아하고, 사무형은 검소하고 알뜰하게 경차 같은 것을 선호할 것이다.

➡ 현장형은 등산과 같이 몸으로 부대끼며 외부에서 하는 활동을 선택하고, 탐구형은 바빠서 못
했던 연구에 몰두할 것이며, 예술형은 연극/영화 관람을 하며 자신의 풍부한 감정으로 감탄을
연발할 것이다. 사회형은 사람들이 많은 모임 같은 곳에 가서 그들의 사교성을 뽐낼 것이다.
그리고 진취형은 기회가 된다면 연설이나 강연/강의를 선택할 것이고, 사무형은 검소하게 눈
으로만 즐기는 쇼핑을 할 것이다.

➡ 현장형은 연장/도구 등 기계 위주의 산업박람회를, 탐구형은 나비/곤충 등 연구하고 관찰하며
분석할 소재가 있는 자연박람회를, 예술형은 감탄을 연발할 수 있는 아름다운 꽃박람회를, 사
회형은 사람들이 많이 가는 웨딩박람회를, 그리고 진취형은 성공적인 개업 또는 취업에 대한
정보를 얻을 수 있는 박람회를, 사무형은 자, 가위 등 학용품과 같이 자신들의 정확하고 꼼꼼
한 일을 하는 데 도움이 될 수 있는 물건들을 볼 수 있는 박람회를 선택할 것이다.

5. 6가지 유형별 내담자 색깔 엿보기

1) 현장형 내담자

장기 상담보다는 단기 상담을 좋아한다. 간결하고 담백한 상담을 좋아하고 상담의 결과에도 관심을 가진다. 자신의 문제가 무엇이고, 상담의 목표는 무엇인지에 대한 구조화가 필요한 내담자들이며, 또한 상담을 시작했으면 상담의 목표가 달성되기를 기대하는 내담자들이다. 상담을 진행하면서 스트롱, MBTI 등을 통한 객관적인 검사를 실시하고 상담이 종결되었을 때 그 결과물을 나누어 주면 상담에 대한 만족도를 높일 수 있다. 직접적인 행동을 조성해주는 행동주의 상담이론을 적용하면 좋을 내담자들이다.

2) 탐구형 내담자

래포가 형성되기 전 이 유형의 내담자들 앞에서 지나치게 아는 척 하거나 잘난 척 하는 것은 상담의 목표를 달성하는 데 도움이 되지 못한다. 자신들의 지적인 것에 대한 자신감을 가지고 있는 유형들이기에 적당한 칭찬은 이들과의 래포형성에 도움이 된다. 자신들이 상담 도중 받게 되는 검사 도구에 대한 신뢰도에 관심이 있으며, 검사결과에 대해 이들이 스스로 납득할 수 있을 만큼의 충분한 설명을 필요로 하는 내담자들이다. 상담 도중 이들에게 과제를 제시하게 될 경우 여러 가지 과제 중 이들 스스로가 선택하도록 하는 것이 도움이 되며, 연구하고 탐색할 만한 내용이라면 효과적일 수 있다. 따라서 이들은 교류분석과 같은 분석적 접근 방법이 효과적이다.

3) 예술형 내담자

대체적으로 따뜻하고 부드러우며 유연한 성품의 내담자들이다. 따라서 상담에서 이들의 독창성과 특별함 그리고 아름다움에 대한 풍부한 감성적 표현들을 칭찬해준다면 이들과 래포를 형성하는 것은 크게 어렵지 않을 것이다. 다만 이들은 예민함과 민감성을 함께 가지고 있으며 합리성과 경제성이 부족하므로 이들의 기분을 잘 읽어 주고, 현실성을 고려하도록 하는 진로지도가 필요하다. 이들이 가지고 있는 예술성을 충분히 살릴 수 있는 직업으로 연결시켜주는 역할을 상담을 통해 교사가 실시하여야 하며 상담 분위기는 자유롭고 허용적일 필요가 있다. 게슈탈트와 같이 창의적인 상담이론이나 긍정심리학에 기초를 둔 창의적인 프로그램들을 적용해보는 것이 효과적일 수 있다.

4) 사회형 내담자

인간중심의 상담이 가장 잘 어울릴 유형의 내담자들이다. 공감적인 분위기와 따뜻하고 편안한 상담 교사를 필요로 하며 그것만으로도 피드백이 될 수 있는 유형의 내담자들이다. 상담교사와의 관계를 중요시 여기며 조금 친해지거나 래포가 형성되면 말이 많고 처음에 상담실에 찾아왔을 때의 문제를 둘러싼 상담목표에는 크게 관심을 가지지 않을 수 있는 유형들이다. 따라서 상담을 진행하는 교사가 상담교사와 내담자와의 관계에 대한 한계를 확실하게 할 필요가 있으며 상담의 방향이 흐트러지지 않도록 중심을 잘 잡아주어야 할 필요가 있다.

5) 진취형 내담자

상담실에 걸려 있는 상담교사의 여러 가지 전문성을 과시할 수 있는 자격증과 상담교사의 자신감 있는 태도에 믿음을 보이기도 하는 유형의 내담자들이다. 따라서 적당히 전문성을 과시하는 것도 이들과의 래포를 형성하는 데 도움이 될 수 있다. 자칫 하면 상담교사 보다 자신들이 상담의 주도권을 잡으려하는 태도를 보일 수 있으므로 적절한 반응으로 분위기를 잘 이끌어 나가야 할 필요가 있다. 과제를 통해 스스로의 능력을 보일 수 있는 기회를 주고 과제의 결과에 대해 칭찬을 해주는 것도 효과적이다. 확신에 찬 간단명료한 설명을 선호하기 때문에 길고 지루한 설명은 피하고, 상담목표가 달성되어 결과에 대한 성취를 느낄 수 있도록 해주는 것이 필요하다.

6) 사무형 내담자

명확한 상담을 원한다. 구조화되고 체계적이며, 상담목표와 상담 방법이 구체적이고 분명하게 설정되기를 희망한다. 상담교사가 무엇을 기대하는지에 대해서도 궁금해 한다. 자신이 실시한 검사 도구는 검사자체에 의의를 두지 않으며 자신의 실생활에 어떤 방법으로든 영향을 미치기를 기대한다. 즉 그 검사를 활용하거나 적용할 수 있기를 바란다. 지나치게 너무 많은 것을 원하는 상담교사에 대해서는 거부감을 가질 수 있는 유형이므로 간단하면서도 명확하고 또 실생활에 바로 적용이 가능한 현실요법 이론이 적당한 내담자들이다.

참고문헌

이재훈, 이해리 역, 「프로이트 이후」, 한국심리치료 연구회

김인자 역, 「당신도 유능한 상담자가 되고 싶은가」, 한국심리상담연구회

윤운성 역, 「성공적인 자녀양육을 위한 9가지 성격」, 한국에니어그램 연구소

이정순 역, 「에니어그램」, 성서와 함께

하영목. 『10대의 꿈을 실현해주는 진로코칭』, 북하우스.

오인수 외. 『상담으로 풀어가는 교실 이야기』, 교육과학사.

강갑원. 『알기쉬운 상담이론과 실제』, 교육과학사.

김인자 역. 『현실요법의 적용』, 한국심리상담연구소.

해결중심단기가족치료 초급과정 워크샵 교재, 한국단기가족치료연구소.

우재현. 『교루분석(TA)프로그램』, 정암서원.

김경미. 『더불어 행복한 학교』, 한국학술정보.

김경미. 『상담으로 지도하는 진로상담』, 한국학술정보.

박동혁. 『좋은 공부습관 만들기』, 한국심리검사연구소.

김정택, 심혜숙. 『MBTI 성장프로그램 지도자안내서』, KPTI 한국심리검사 연구소

김정택 외. 『STRONG 진로탐색검사 활용가이드』, KPTI 한국심리검사 연구소.

이은하. 『에니어그램 심리역동검사』, 한국 가이던스.

윤운성. 『에니어그램 이해』, 『에니어그램 탐구』, 『에니어그램 적용』, 한국에니어그램
　　　　연구소.

이정희 외 역. 『성격유형과 학습스타일』, KPTI 한국심리검사 연구소

심혜숙 외 역. 『성격유형과 진로탐색』, KPTI 한국심리검사 연구소

Robert E. Wubbolding(2000). Reality Therapy for the 21st century. New York,
　　　　Routledge.

Willam Glasser, M. D.(1990). Reality Therapy. New York, Harper & Row.

Willam Glasser, M. D.(1985). Control Theory New York, Harper & Row.

논문

참고문헌

이효순, 박정묘(2006). 청소년의 성격유형과 학습된 무기력과의 관계. 한국심리유형학
    회지.
남윤숙(2000). 현실요법 프로그램이 아동의 귀인행동에 미치는 효과. 석사학위논문,
    계명대학교
김인자, 황미구(2000). 기본 욕구 충족을 위한 행동으로서 진로선택과정 이해. 진로교
    육 연구
김선연(2009). 고등학생의 자기개념향상을 위한 해결중심 집단상담프로그램개발. 석
    사학위 논문, 한국교원대학교
홍은주, 김영신(2006). 현실요법을 적용한 예술치료가 초등학생의 자아존중감에 미치
    는 효과. 정신간호학회지

김경미 ────────────────────────────────────

▌약 력

　2002년 경상대학교 교육학 석사
　2006년 세종대학교 전문상담교사 1급 과정
　현재, 충북대학교 교육심리 및 상담 박사과정

　2002년~2005년 중·고등학교 윤리교사
　2006년 논산교육청 전문상담교사
　현재, 아산교육청 전문상담교사

▌주요 저서

　『더불어 행복한 학교』
　『상담이론으로 지도하는 진로교육』

한 눈에 쏙 들어오는
쉽고
재미있는
상담교실

초판인쇄 ｜ 2009년 8월 31일
초판발행 ｜ 2009년 8월 31일

지은이 ｜ 김경미
펴낸이 ｜ 채종준
펴낸곳 ｜ 한국학술정보㈜
주 소 ｜ 경기도 파주시 교하읍 문발리 파주출판문화정보산업단지 513-5
전 화 ｜ 031) 908-3181(대표)
팩 스 ｜ 031) 908-3189
홈페이지 ｜ http://www.kstudy.com
E-mail ｜ 출판사업부　publish@kstudy.com

등 록 ｜ 제일산-115호(2000. 6. 19)
가 격 ｜ 16,000원

ISBN　978-89-268-0238-0　13180 (Paper Book)
　　　　978-89-268-0239-7　18180 (e-Book)

이담 Books 는 한국학술정보(주)의 지식실용서 브랜드입니다.